El bosque de las letras

Juan Goytisolo

El bosque de las letras

ALFAGUARA

© 1995, Juan Goytisolo
© De esta edición:
1995, Santillana, S. A.
Juan Bravo, 38. 28006 Madrid
Teléfono (91) 322 47 00
Telefax   (91) 322 47 71

• Aguilar, Altea, Taurus, Alfaguara S. A.
Beazley 3860. 1437 Buenos Aires
• Aguilar, Altea, Taurus, Alfaguara S. A. de C. V.
Avda. Universidad, 767, Col. del Valle,
México, D.F. C. P. 03100

ISBN: 84-204-8140-8
Depósito legal: M. 4.508-1995
Diseño:
Proyecto de Enric Satué
© Cubierta:
gráfica futura

Índice

Introducción

A menudo, en las entrevistas programadas por mis editores y coloquios en los que por flaqueza intervengo —los voy reduciendo de año en año hasta llegar al punto de cero—, algún listo me pregunta con astucia, como cazador que tiende una trampa a su presa: «¿Por qué un escritor comprometido como usted en causas cívicas y políticas de alcance general —antirracismo, defensa de las minorías e inmigrados, crítica del fundamentalismo monetario y el de la tecnociencia, etcétera— cultiva una literatura tan minoritaria, elitista y hermética que aleja de sus novelas al lector normal?» La pregunta apunta a primera vista a una contradicción insoluble: ¿Cómo compaginar, en efecto, la voluntad de defensa de causas cívicas y valores universalmente válidos amenazados por la barbarie con una escritura personal de acceso difícil e incomprensible para muchos lectores? Para responder adecuadamente a ella habría que ponerse previamente de acuerdo no sólo en cuanto al contenido del término literatura sino también al de sus conexiones reales con la cultura y con la sociedad. La literatura, tal como yo la entiendo, ha sido siempre, con la notable excepción del siglo XIX, un quehacer elitista y minoritario. La rareza y singularidad de los manuscritos y el analfabetismo casi general de las sociedades antiguas y medievales limitaba el número de lectores a los propios autores, discípulos y copistas. La invención de la imprenta fomentó considerablemente la lectura y, con el abandono del latín en favor de las nuevas lenguas europeas, los escritores disfrutaron de los favores de un público restringido pero ferviente que les liberó de modo paulatino de su dependencia de la nobleza y del patrocinio real. Sólo en el pasado siglo, un puñado de novelistas, dramaturgos y poetas consiguieron una inmensa popularidad gracias a la difusión de sus obras por episodios en las páginas de la prensa. Victor Hugo, Balzac, Dickens, Tolstoi —por no hablar de los autores de folletines de segundo orden— alcanzaron tiradas considerables: fueron los héroes y dioses de la burguesía ilustrada de su tiempo. Los novelistas más influyentes de la primera mitad del siglo XX —aunque identificados a menudo con las grandes causas políticas del momento— no gozaron con todo de una gloria igual. Desde Joyce y Proust, la distinción cada vez más neta entre el texto literario y el producto editorial disminuyó inevitablemente el número de adeptos al primero.

Hoy, el papel privilegiado del autor como guía e inspirador de multitudes subsiste tan sólo en las sociedades «atrasadas». El cine primero, la televisión y la informática después, han circunscrito el campo de la literatura y creado un nuevo tipo de lector para quien la palabra es mero acompañamiento o ilustración de la imagen. La victoria de ésta —desde la adaptación de novelas al cine a la fabricación de las mismas con miras a la pantalla— ha contribuido al actual proceso de instrumentalización del lenguaje y a una degradación casi general de la escritura.

El escritor aferrado al valor de la palabra, consciente de ser una rama, prolongación o injerto del *árbol de la literatura,* debe defender con uñas y dientes el derecho inalienable de la escritura a ser escritura. La busca del tronco y raíces del árbol —de lo que el poeta José Ángel Valente denomina *palabras sustanciales*— es un combate de supervivencia: como el de esas plantas del desierto cuyos rizomas saben abrirse paso en el suelo ingrato en el que las superficiales mueren hasta calar en las zonas más hondas y dar con la veta que las alimenta. En medio de la brevedad ruidosa y existencia efímera de la producción editorial de consumo instantáneo, el escritor fiel al árbol aceptará con modestia, pero también con orgullo, el reto de la dificultad e incluso del hermetismo como una opción personal de resistencia.

Como dice el escritor bosnio Dzevad Karahasán, la poesía es producto del hombre integral y se dirige al universo integral: fruto del hombre material y espiritual, sutil y craso, compuesto de razón y de instinto; obra del hombre en quien anidan los sueños y el afán inconfesado o confeso de trascendencia y cuyo agnosticismo racional se complementa con la inteligencia intuitiva del corazón. Tal es la esencia de la literatura y el núcleo de su ejemplaridad: expresión del ser humano no amputado ni reducido a uno de sus múltiples componentes. Palabra liberada merced a la cual puede escapar a la cosificación, a la decretada condición de cliente de la llamada Tienda Global, del Gran Mercado del Mundo: una sociedad de consumidores voraces y ansiosos, aturdida por el griterío de quienes chalanean sus programas políticos o arrodillada, babeante, ante el altar y trono del televisor.

El texto literario cuyo signo diferencial será la escritura dirigida al hombre integral no constituye así una entidad artificial, producto exclusivo de la famosa intertextualidad tan traída y llevada durante la boga del estructuralismo. El *árbol de la literatura* crece y se desarrolla en el ámbito universal de lo humano. Un humus o tierra vegetal común a los demás árboles le conecta con éstos y sus fundamentos. Quien excave y aspire a penetrar en el pasado del que se nutre lucha contra la seudocultura de hoy, uniformizada y amnésica. Una lectura crítica del tronco histórico de su propio árbol le ayudará a comprender el de los restantes y descubrir, por ejemplo, en la actual tragedia de Bosnia una repetición de la acaecida en España siglos atrás. Reivindicar la radicalidad sagrada de la palabra es reivindicar la particularidad irreductible del ser humano: su integridad y gloriosa diversidad.

El acercamiento a los autores estudiados en el presente volumen invita a quienes intentan asumir su herencia a una defensa de los valores individuales y de las minorías, de cuanto es mezclado, mestizo o heterogéneo, frente a la insidiosa «normalización» impuesta por los medios de comunicación de masas, la omnipresente ideología de mercado y los nacionalismos y dogmas excluyentes. Las flores y frutos de la literatura concebida como escritura o palabra poética no existirían sin estas trabazones del árbol con el conjunto de la cultura y la sociedad.

Plantas del desierto por nuestra resistencia pugnaz a la degradación del verbo que nos asuela, hallamos un refugio en las umbrías y claros de un ejido ideal: el territorio aguijador y fecundo del *bosque de las letras*.

JUAN GOYTISOLO

I.

Aproximaciones a *La Regenta*

I

El mayor acontecimiento literario español de los últimos años a escala europea ha sido sin duda el descubrimiento, entre asombrado y gozoso, de *La Regenta*. ¿Cómo es posible, me han preguntado docenas de veces en los países que he visitado, que una obra de semejante talla haya permanecido ignorada por el gran público y no haya sido traducida siquiera? La respuesta no es simple y, excusándome de mi prolijidad con los lectores, procuraré razonarla.

En primer lugar —he tenido que decir a mis interlocutores— nuestra percepción de las culturas ajenas no suele basarse en la realidad de las mismas, sino en la imagen que aquéllas proyectan. Cuanto más nítida y definida sea la imagen, mayor será nuestra convicción del conocimiento íntimo de ella: una mera confirmación exterior del saber que ya poseíamos. Así, tendemos a promover las expresiones literarias y artísticas que, en vez de nadar contra corriente para desvelarnos algo nuevo, se dejan arrastrar por el maelstrón de lo definitivamente acuñado y sabido: imágenes que, a fuerza de repetidas, se transforman en clisés previos a nuestra visión de las cosas y acaban por convertirse en mitos.

Como señalé en otra ocasión, el interés por las obras literarias alemanas, francesas, norteamericanas, italianas o rusas se ha volcado de manera preferente en aquellas que corresponden a imágenes ya establecidas. El autor que trabaja sobre ellas —esa serie de referencias culturales *piloto,* del tipo de Stendhal, Tolstoi, Mann, Proust o Hemingway— será recompensado de puertas afuera con una rápida percepción de su trabajo, mientras que sólo el paso del tiempo permitirá el conocimiento de los autores que no cuadran en el consabido repertorio nacional: esos autores incómodos y excéntricos, escribía, cuyas coordenadas no coinciden con las que nosotros poseemos o creemos poseer, el ruso Andrei Biely, el italiano Italo Svevo, el alemán Arno Schmidt, por citar a unos pocos e ilustres ejemplos.

La visión de lo español ha respondido desde hace más de siglo y medio, es decir, desde el romanticismo, a una colección de fotos fijas: por un lado, las de la España de charanga y pandereta retratada por Merimée y de la goyesca y esperpéntica a la que parecía condenarnos una historia desdichada de revueltas, matanzas, guerras civiles y dictaduras de espadones; por otra, las de ese poderoso revulsivo de la imaginación universal que fueron la explosión revolucionaria del 36, la doble intervención fascista y soviética, el célebre millón de muertos, la ruina de nuestros sueños y esperanzas. En tanto que el autor inscrito en alguna de estas coordenadas podía aspirar a un reconocimiento exterior, quien trabajaba o se situaba fuera de ellas no suscitaba hasta fecha reciente interés alguno. Sólo la reducción arbitraria de lo español a un puñado de fotos fijas explica que, si bien el apetito de lo supuestamente nuestro se mantiene vivo —bastaría con evocar la multiplicación de filmes y ballets sobre el mito de *Carmen*—, obras literarias de primera magnitud, pero cuya textura o temática no concuerdan con aquéllas, hayan permanecido injustamente arrinconadas en el desván de lo atípico y, por consiguiente, no traducido. Que un poeta como Cernuda o un escritor como Valle-Inclán duerman aún en el pequeño gueto del hispanismo, ilustra claramente la supeditación de los valores reales a la fuerza de los estereotipos.

Con todo, el desconocimiento de *La Regenta* fuera de nuestras fronteras no se debe tan sólo a su manifiesta inadaptación a los clisés identificables. La culpa es sobre todo nuestra: acogida con hostilidad en los medios intelectuales hispanos, vapuleada por la Iglesia y las fuerzas conservadoras fustigadas por Alas, fue deliberadamente silenciada por nuestros programadores culturales hasta el límite de la inexistencia. Entre 1908 y 1963 no fue reeditada en España y el nombre de su autor no figura siquiera en algún manual de historia literaria, en la rúbrica consagrada a la novela. Si exceptuamos el prólogo de Galdós a la segunda edición de la misma, escrito poco antes de la muerte de Clarín y las reseñas de media docena de críticos lúcidos, la mejor novela española del XIX —la única que puede competir hoy con las grandes creaciones europeas del género— tropezó de salida con nuestra hostilidad proverbial a cuanto de cerca o de lejos huela a nuevo. Repasemos brevemente algunos de los dictámenes de que fue objeto: «Es menester proclamarlo muy alto. Clarín es uno de los escritores más incorrectos y menos castizos de España (...) su estilo adolece casi siempre de graves defectos de sintaxis o de construcción.» «Es, como novela, lo más pesado que se ha hecho en todo lo que va de Era Cristiana (...) Lo que hay es un novelón de padre y muy señor mío, que merece titularse *Los chismes de Vetusta* (...) Todo, por supuesto, en un estilo atroz y plagado de galicismos y otros defectos de lenguaje.» «Disforme relato de dos mortales tomos (...) delata en su forma una premiosidad violenta y cansada, digna de cualquier principiante cerril.» «La mayor parte de los capítulos de *La Regenta* producen un sueño casi instantáneo, tranquilo y reparador. El insomnio más tenaz cede con un par de capítulos, que es la más alta dosis...», etcétera, etcétera. Bonafoux, Siboni, Dionisio de las Heras, el Padre Blanco García, no se contentan con atacar su «castellano imposible» y «desgarbada prosa»: denuncian asimismo, en revoltillo, su presunta vulgaridad y cinismo, atentados a la moral y sentido común, su construcción soporífera. Abrumado con tal cúmulo de sentencias, el lector de hoy no puede por menos que preguntarse a qué obedecía semejante descarga de bilis: los supuestos juicios críticos no retratan desde luego la novela incriminada; reflejan patéticamente la arbitrariedad y miopía de sus autores. Pero la inquina motivada por Clarín —señalado por un contemporáneo como «el escritor que hoy tiene en España más enemigos»— requiere una explicación más allá del muy humano sentimiento de envidia.

Al odio a la innovación al que apuntábamos y sobre el que volveremos luego, había que agregar en su caso los resquemores provocados por la *crítica higiénica* de los *Paliques*. En un país en el que, como en tiempos de Larra, la crítica se reducía de ordinario a una serie de elogios hueros, en los que no creían ni su autor ni el destinatario ni el público que los leía —ese viejo sistema de economía de trueque que los franceses denominan *se renvoyer l'ascenseur*—, su cruda descripción del medio literario hispano y sus costumbres tribales no desmerece la formulada con anterioridad por Blanco White y de la que trazará después Cernuda. Las letras viven en el limbo, dice, el gusto predominante es pobre y anémico, todo suena a hueco, nadie se preocupa con la auténtica literatura: «Cada vez se piensa y se lee y se siente menos; se vegeta (...) Se aplaude lo malo, se intriga y se crean reputaciones absurdas en pocos días; y es inútil trabajar en serio (...) Nadie ve, nadie oye, nadie entiende nada; y los que pudieran ver, oír y entender se cruzan de brazos...» Su comentario a lo acaecido a una de las mejores novelas de Galdós, recibida con un estruendoso silencio en medio de los *bombos* destinados a *figuras y figurones,* puede leerse a estas alturas como una melancólica elegía *pro domo:* «Si el señor Galdós, en vez de escribir antes de ésta unas treinta novelas, las mejores que se han escrito en España en este siglo, hubiese escrito una comedia mediana, otra buena y otra mala, y en seguida se hubiese pasado al Duque de la Torre y después a Cánovas y después a Sagasta o al diablo en persona; si se hubiese hecho político, otra crítica le cantara y entonces vería que escribir él cuatro renglones y pasmarse la prensa entera de admiración y entusiasmo era cosa de un momento (...) pero nadie ha dicho a *La desheredada* "ahí te pudras".»

Como otros narradores, Clarín fue en sus novelas un excelente *crítico practicante,* capaz de manejar con maestría los procedimientos técnicos, temas y recursos estilísticos empleados por los grandes novelistas de su siglo pero igualmente un *teorizador de fortuna* gravado con el lastre de un bagaje teórico que, en vez de esclarecer su obra, ha contribuido a anublarla envolviéndola en los ecos argumentadores de una polémica envejecida. Su defensa ardorosa del naturalismo de Zola y exposición de las propias ideas sobre el género no deben ser tomadas como el patrón conforme al cual habría que medir su obra maestra. *La Regenta* escapa felizmente a unos esquemas reductivos a los que el mismo Clarín había apuntado en su crítica de los catedráticos positivistas, hegelianos, krausistas o escolásticos, empeñados en imponer, como algunos sicoanalistas o marxistas de hoy, lecturas unilaterales y empobrecedoras de obras merecedoras de mejor suerte. «Para teorizar hace falta una inmensa ingenuidad, escribía T.S. Eliot; para no teorizar, una inmensa honestidad.» Aunque honesto, Clarín pecaba a veces de ingenuo y, a diferencia de *La Regenta,* sus ensayos teóricos sobre el arte de la novela llevan la impronta de la época en que fueron escritos. No obstante, su condición de crítico practicante de la ficción le permitió distanciarse de aquellos teorizadores de fortuna propensos a ignorar «las mayores bellezas literarias si las ven en obras que no caben en las casillas de la estadística que ellos tienen por buena». La novela, dirá con lucidez, olvidando sus propios pinitos en la materia, es un género sin límites, en el que todo cabe, *«porque es la forma libre de la literatura libre»*, aunque muchos, «encastillados en sus fórmulas de álgebra estética» sigan lanzando anatemas «contra todo atrevimiento que saca a las novelas de sus casillas».

Cambian los tiempos, cambian los esquemas ideológicos, cambian los métodos conforme a los cuales se juzga rígidamente el texto literario, pero la incomprensión e incluso aversión tocante a la obra innovadora no mudan. El elogio a la «gárrula vocinglería de los imitadores, de los mercenarios de las letras» que tanto ulceraba a Clarín, había sido ya objeto, antes de él, de las reflexiones amargas de Flaubert, crucificado también, como sabemos, por los voceros de la crítica. Pero ni uno ni otro autor habían comprendido aún que dicha injusticia es poco menos que inevitable. Toda obra seminal necesita un lapso indeterminado

—años, decenios, siglos— para abrirse paso y forjar su público, y es de agradecer que la no intervención de ese gremio de intermediarios entre el creador y sus eventuales lectores evitara a Delicado, San Juan de la Cruz o a Lautréamont los disgustos y frustraciones que acompañaron a Flaubert y Clarín a la tumba. ¿Qué hubiera dicho en efecto el reseñador de las páginas literarias de nuestros periódicos, habituado, digamos, a los cánones renacentistas, de un *monstrum horrendum, informe, ingens* como *La lozana andaluza?* Probablemente los mismos disparates que, todavía siglos después, escribió un crítico tan serio como Menéndez y Pelayo. El creador de nuevos ámbitos literarios no puede pedir peras al olmo ni aspirar a los aplausos que saludan de ordinario lo ya manido. El proceso de elaboración de su obra no concluye con la escritura de ésta sino que se prolonga en el hallazgo o invención de su público: su relación real, como recordaba oportunamente George Sand a Flaubert, es con los lectores futuros.

Pero ese paralelo Flaubert-Clarín, manifiesto también en el campo temático, se detiene ahí. Pues, mientras el encono de la crítica francesa no logró impedir, dado el nivel educativo del país, que un creciente número de lectores se acercara con entusiasmo a *La educación sentimental* y *Bouvard y Pécuchet,* el ataque conjugado de aquélla con las mal llamadas *fuerzas vivas* de la sociedad tradicional hispana retratada en Vetusta apartó durante más de medio siglo a nuestros lectores de una obra única y obstaculizó la difusión de *La Regenta* en el extranjero. El formidable poder de la censura político-estético-moral del franquismo, aunado a la escasa formación del gusto público, favoreció el *ninguneo* de su autor y privó a nuestra desmedrada y débil literatura decimonónica del aporte enriquecedor de su novela más enjundiosa y viva.

II

Desde su aparición, la novela de Clarín no ha cesado de ser objeto de polémica entre los defensores de su impoluta originalidad y de quienes, casi siempre de mala fe, la ponían en tela de juicio. Vistas desde la actual perspectiva, la burda acusación de plagio de Bonafoux tocante a *Madame Bovary* y la respuesta de Alas carecen en absoluto de fuste. Cuando el novelista argüía en su defensa «siempre me encontrará copiando lo que veo, pero no lo que leo» no decía verdad sino a medias. Como reivindicó con orgullo Vargas Llosa, el gran escritor —y no cabe la menor duda de que Leopoldo Alas lo era— es una criatura voraz y vandálica que entra a saco en lo que halla a su alcance, se apodera de cuanto le interesa, manipula, digiere e integra cualquier clase de materiales en la armadura o ensamblaje de su propia creación. Todo, absolutamente todo, influye en él: un libro meditado o leído por casualidad, un recorte de periódico, un anuncio callejero, una frase captada en un café, una anécdota familiar, la contemplación de un rostro, grabado o fotografía. Si, por un lado, la reconstrucción minuciosa de la topografía ovetense que sirvió de modelo a la de Vetusta y el retrato de algunos de sus héroes dan la razón a nuestro autor, por otro, la huella de las lecturas francesas en su novela, de Stendhal a Zola, es a todas luces visible: como Dickens, Balzac o Tolstoi, Clarín se inspiraba en cuanto veía y leía.

Los mejores críticos y estudiosos de la obra de Alas —Gonzalo Sobejano, Martínez Cachero, John Rutherford, Sergio Baser— han analizado con mayor ponderación y rigor las coincidencias o parentesco de personajes y situaciones de *La Regenta* con sus presuntos modelos: las tan traídas y llevadas analogía y diferencia entre Ana Ozores y la heroína de Flaubert; los puntos de contacto posibles del Magistral y Julien Sorel, dos jóvenes provincianos sin fortuna cuya ambición social hallará un cauce en los mecanismos de poder de la Iglesia; el paralelo del primero con algún clérigo de Balzac o Zola. No obstante, tratándose de una creación literaria tan compleja, rica y sustanciosa como la de Clarín, dicho problema presenta a mi entender una importancia secundaria. Para el analista de una obra de las características de *La Regenta* lo esencial no es el problema de sus eventuales fuentes sino el de la articulación y función de éstas en el engranaje del libro: en el campo artístico, a diferencia del moral, el fin justifica los medios. Si nos situamos en este punto de vista crítico, el genio y originalidad de Alas brillan sin mácula: el posible influjo de la desdichada heroína de Flaubert en la elaboración del texto es un mero ingrediente de su fase compositiva cuya índole anecdótica no trasciende al resultado final de la obra; su papel de modelo o quizá de espantajo no ha sido mayor que el de los personajes de carne y hueso en los que se inspiró Clarín y cuya identificación causó tanto escándalo entre sus conciudadanos. En corto, si como señalaron en su día los formalistas rusos, toda obra aparece en un universo poblado de obras cuya existencia prolonga o modifica, *La Regenta* se desmarca de la pléyade de sus antecesores en virtud de su indudable *signo diferencial*.

La novela mayor de Clarín no muestra sólo la madurez y soltura de su autor en el manejo de las técnicas narrativas empleadas en el siglo XIX por los maestros del género; abre igualmente camino, como veremos, a procedimientos más recientes, de una sorprendente modernidad. Aunque la presencia omnisciente del narrador, verdadero *Deus ex machina* de cuanto acontece a los personajes, sea disimulada con arte y deje a aquéllos en apariencia una total libertad de movimientos, el crítico avezado a detectar sus «signos» hallará abundantes ejemplos de su actuación entre bastidores. Las referencias del tipo «personaje que se encontrará más adelante», «de esto ya se hablará en su día», «pero de esta tertulia de última hora tendremos que hablar más adelante porque a ella asistían personajes importantes de esta historia» son otras tantas balizas o guijarros de un plan cuidadosamente trazado, que ningún pajarillo vendrá a devorar. Al evocar su infancia, Ana Ozores, nos dice, «recordaba todo esto como va escrito», con lo que Clarín, sin atender a la enseñanza de Flaubert, nos refresca involuntariamente la memoria respecto a la materialidad de la escritura. En realidad, como sabemos, toda la novela del siglo XIX parece embrollarse en la contradicción existente entre la ausencia deliberada del autor y sus intrusiones frecuentes e inoportunas. Con todo, los atinados reproches de Sartre al arte novelesco de Mauriac no podrían aplicarse sino excepcionalmente al de

Leopoldo Alas: sus definiciones y calificativos perentorios de los personajes son escasos y aparecen sobre todo en los últimos capítulos del libro, cuando Clarín, aprovechándose contra el consejo de Gide del *impulso adquirido,* da rienda suelta a su pluma y parece quemar las etapas. De ordinario, el autor de *La Regenta* concede amplia autonomía a sus héroes, ya penetre en el santuario de sus conciencias, ya se limite a retratarlos desde fuera. Mientras el punto de vista exterior se aplica preferentemente a los personajes secundarios, al elaborar los principales, en especial Ana Ozores y el Magistral, utiliza a menudo el estilo indirecto libre, que le permite seguir sus sentimientos y reflexiones sin necesidad de recurrir de continuo a un monólogo interior entrecomillado.

El ritmo narrativo de la obra oscila también entre el relato a vuelapluma de los hechos y su morosa presentación escénica: en tanto que la acción de los quince primeros capítulos se desenvuelve en tres días, la de los restantes, abarca un periodo de casi tres años. En virtud de esta distribución temporal de la historia, las escenas predominan en la primera parte aunque algunas de las más notables del libro correspondan a la fase final. El estilo de Clarín se adapta felizmente a sus propósitos narrativos, desde el *tempo* lento de algunas escenas al ritmo impetuoso de otros parajes. A veces maneja con gran acierto el cambio de tiempo verbal, pasando del habitual pretérito indefinido al presente, de la categoría benvenistiana de *histoire* a la de *discours,* o recurre hábilmente al elipse, como a la llegada del Magistral y Petra a la cabaña del leñador o la visita del primero a la Regenta, el día en que ésta le pide perdón de rodillas y formula el voto de desfilar descalza, como los nazarenos, en la procesión del Viernes Santo. La pluralidad de enfoques de Clarín da asimismo una atractiva agilidad a la trama de la novela: cuando el Magistral, emulando al Diablo Cojuelo, examina a Vetusta con su catalejo, el lector de hoy disfruta de las primicias de una visión cinematográfica que los novelistas norteamericanos sistematizarán más tarde. Maestro en el suspense y manejo de símbolos —ese «bestiario moral» del que habla agudamente Gonzalo Sobejano al referirse a la aparición recurrente del sapo en la vida de Ana—, Clarín actúa también como un experto director teatral: el guante olvidado por el Magistral en el jardín de los Ozores o la liga de Petra en la cabaña del leñador —con la consiguiente confusión cómica de Quintanar y vergüenza de don Fermín— dramatizan la trama e implican al lector en la misma, apelando sutilmente a su fisgadora complicidad.

III

Vetusta es sin duda el verdadero protagonista de *La Regenta:* su topografía —calcada a menudo de la de Oviedo, ciudad en la que Clarín profesó la mayor parte de su vida—, clima —esa lluvia interminable que parece aletargar y embotar la sensibilidad e inteligencia de sus habitantes—, distintos componentes sociales —de la aristocracia más encumbrada a los obreros de la fábrica que asoman brevemente desde el extrarradio con ocasión del entierro laico de Santos Barinaga— son descritos minuciosamente a lo largo de la novela con una precisión de miniaturista que buscaríamos en vano en las obras anteriores del género y no volveremos a encontrar después. Si la contemplación con el catalejo del Magistral nos traza de entrada el plano de la ciudad con sus iglesias, conventos, caserones con ínfulas de palacios, barrios linajudos, núcleos comerciales, zonas antiguas y descaecidas en donde se amontona la «plebe vetustense», el cielo encapotado que oprime el ánimo de Ana Ozores y las efímeras, ilusorias irrupciones solares que acompañan la singladura del lector por las aguas quietas o agitadas de la novela, dotan al paisaje urbano de una consistencia física y lo tiñen, por así decirlo, de una coloración moral.

El tono empleado por el narrador omnisciente en la primera página de la obra nos da la clave de sus propósitos fustigadores y absoluto rechazo de la sociedad que describe: «La heroica ciudad dormía la siesta... Vetusta, la muy noble y leal ciudad, corte en lejano siglo, hacía la digestión del cocido y de la olla podrida, y descansaba oyendo entre sueños el monótono y familiar zumbido de la campana de coro, que retumbaba allá en lo alto de la esbelta torre de la Santa Basílica.» La degradación moral y conformismo reinantes en Vetusta, el repudio cerril a cualquier tentativa de reforma, aversión general a la cultura e inteligencia nos ayudan a comprender así el drama de los personajes que, como la Regenta, anhelan un mundo mejor y más libre y se sienten asfixiados en ella. Si la literatura era «el mayor y más ridículo defecto que en Vetusta podía tener una señorita», ¿qué otra cosa podía hacer Ana Ozores sino jurarse a sí misma no ser jamás una *literata,* «aquel ente híbrido y abominable de que se hablaba en Vetusta como de los monstruos asquerosos y horribles»? En aquella capital provinciana, nos dice el narrador, «la sabiduría no deslumbraba a casi nadie» y «cuando se decía algo por rutina era imposible que la idea contraria prevaleciese». El retrato de los

socios del Casino en donde se reúnen gran
parte de los personajes masculinos de la novela
nos brinda un elocuente muestrario del entu-
mecimiento mental y vacío en que vegeta la
sociedad vetustense: la ausencia aun momentá-
nea de cualquiera de sus miembros desata al
punto la chismografía de los demás, como si
obedecieran a una orden de «fuego graneado»;
«los socios antiguos miraban la biblioteca
como si estuviera pintada en la pared»; el Diccionario de la Academia sólo sirve para solven-
tar acaloradas disputas entre los asiduos sobre
el significado u ortografía de una palabra; el
comerciante en granos que se duerme a diario
leyendo el *Times,* no sabe una jota de inglés. En
cuanto a la indigencia del teatro —«Las deco-
raciones se habían ido deteriorando, y el ayun-
tamiento, en donde predominaban los enemigos del arte, no pensaba en reemplazarlas»—,
las representaciones anuales del *Tenorio* y otros
dramas o comedias sobados no suscitan el menor interés en la inmensa mayoría del público:
«En opinión de las damas vetustenses, en general, el arte dramático es un pretexto para
pasar tres horas observando los trapos y trapi-
ches de sus vecinas y amigas. No oyen, ni ven
ni entienden lo que pasa en el escenario; únicamente cuando los cómicos hacen mucho ruido,
bien con armas de fuego o con una de esas
anagnórisis en que todos resultan padres e hi-

jos de todos y enamorados de sus parientes más cercanos, con los consiguientes alaridos, sólo entonces vuelve la cabeza la buena dama de Vetusta, para ver si ha ocurrido allá dentro alguna catástrofe de verdad.» Después de este enjundioso párrafo, Clarín añade suavemente: «No es mucho más atento ni impresionable el resto del público ilustrado de la culta capital.»

Misas, novenas, veladas caritativas, reuniones mundanas organizadas por los regidores del orden social y moral pautan cuidadosamente las estaciones del año dentro del estricto respeto a lo ya establecido. Únicamente el dinero, sangre azul y éxito social imponen una reverencia sacrosanta: «trabajo, inteligencia y saber no cuentan.» «De Vetusta y sólo de Vetusta —escribe mordazmente Clarín, saludando a su manera la irresistible ascensión de algunos de sus paisanos— salieron aquellos insignes tresillistas que, una vez en las esferas más altas, tendieron el vuelo y llegaron a ocupar puestos eminentes en la administración del Estado, debiéndolo todo a la ciencia de los estuches.» Como ha observado un moderno estudioso de Clarín, su denuncia de la rutina e ignorancia vetustense, esa aversión a los tópicos y frases hechas e incapacidad de soportarlos, emparentan de nuevo a nuestro autor con Flaubert y su Monsieur Homais, el *Dictionnaire des idées reçues* y la lucha quijotesca de

Bouvard y Pécuchet contra la «idiotez universal». Si va a decir verdad, Leopoldo Alas supo captar como nadie en España la mezquindad, estrechez mental y ramplonería de sus contemporáneos: la galería de personajes secundarios de *La Regenta* nos ofrece un repertorio tan convincente como inolvidable de la mediocridad provinciana en la que le tocó vivir y a la que combatió con las débiles armas de la honestidad e ironía. Su manifiesta simpatía por el personaje de Ana Ozores revela una afinidad de un orden enteramente distinto al de la célebre identificación de Flaubert con Emma Bovary. Lúcido y pesimista, Clarín no pretende transformar la sociedad que describe: su acta testimonial contra ésta es también la batalla perdida de un alma incurablemente romántica.

El cuadro demoledor de Vetusta aclara la recepción hostil de la novela entre sus paisanos y la saña que persiguió a su autor hasta la muerte y, más allá de ella, con motivo del alzamiento militar de 1936 y el rencoroso desquite del nacional-catolicismo, en la persona de su hijo. Pues *La Regenta* es ante todo una recusación contundente y a menudo feroz de la sociedad española de la Restauración, ovillada en el calor de su irrisoria suficiencia. Vetusta no es sólo Vetusta: es un compendio de España entera, y los dardos de Clarín apuntan al retorno de un sistema de gobierno corrupto, incompetente y desacreditado, tras el derrumbe de las esperanzas republicanas y el pronunciamiento de los militares. La alternancia del poder entre los dos partidos de Gobierno, canovistas y sagastianos —ensalzada por nuestra historiografía como un modelo de convivencia— es presentada en unos términos que merecen su reproducción *in extenso:*

«Como un jugador de ajedrez que juega solo y lo mismo se interesa por los blancos que por los negros, don Álvaro cuidaba de los negocios conservadores lo mismo que de los liberales. Eran panes prestados. Si mandaban los del Marqués, don Álvaro repartía estanquillos, comisiones y licencias de caza y a menudo algo más suculento, como si fueran gobierno los suyos; pero cuando venían los liberales, el marqués de Vegallana seguía siendo árbitro en las elecciones, gracias a Mesía, y daba estanquillos, empleos y hasta prebendas. Así era el turno pacífico en Vetusta, a pesar de las apariencias de encarnizada discordia. Los soldados de fila, como se llamaban ellos, se apaleaban allá en las aldeas, y los jefes se entendían, eran uña y carne. Los más listos algo sospechaban, pero no se protestaba, se procuraba sacar tajada doble, aprovechando el secreto.»

Ninguna esperanza, por consiguiente, ni expectativa de cambio. Las fuerzas vivas, portadoras de muerte por anquilosamiento, se hallan sólidamente ancladas y la pirámide social opresora parece obra, como piensa el marqués de Vegallana, de la madre naturaleza. El retrato del padre de Ana Ozores —su tentativa de propagar el libre examen, conspiraciones, exilio y regreso derrotado a su patria— nos trae a las mientes el de millares de españoles de generaciones posteriores, víctimas también no sólo de la pertinaz intolerancia hispana sino de sus contradicciones y apriorismos. «A pesar de que Ozores pedía a grito pelado la emancipación de la mujer y aplaudía cada vez que en París una dama le quemaba la cara con vitriolo a su amante, escribe Clarín, en el fondo de su conciencia tenía a la hembra por un ser inferior, como un buen animal doméstico.» Los librepensadores que, como don Pompeyo Guimarán, aparecen en las páginas de *La Regenta* no reciben un trato mejor y son objeto asimismo de despiadada ironía. Agreguemos que la desconfianza de Alas en las recetas de transformación social le evitó la trampa de los héroes positivos, portavoces de las ideas del autor, e incurrir en unas tesis reductoras que, pese a su buena intención, hubieran dañado inevitablemente la fuerza persuasiva de la novela.

IV

Si nos atenemos a la concepción del personaje elaborado conforme a los cánones de la novela decimonónica, me aventuro a sostener que Ana Ozores, la Regenta, y don Fermín de Pas, el Magistral, son las mejores creaciones del género en el ámbito de nuestra literatura. Pese a mi admiración por el arte de Galdós y su vasto catálogo de héroes cariñosos y excéntricos, construidos casi siempre en un tamaño ligeramente superior a lo normal, ninguno de ellos alcanza en mi opinión la hondura y vivacidad de los dos protagonistas de *La Regenta*. Las demás figuras que les rodean —eclesiásticos, nobles, burgueses, socios del casino, sirvientas— aparecen dibujadas con trazo firme y Clarín motiva escrupulosamente, llegado el caso, su discreta funcionalidad argumental. Don Víctor, el marido de Ana, es tratado a la vez con ironía y cariño: su entusiasmo por los dramas de honor o «atracón de honra a la antigua», el amor exclusivamente paternal a su joven esposa y absorbentes aficiones cinegéticas nos permiten comprender desde los primeros capítulos la situación de la Regenta y las tentaciones que la acosan. En cuanto al airoso y elegante don Álvaro, presidente del Casino y conquistador profesional, nos es presentado de ordinario desde fuera, como si el brillo con el que deslumbra a Ana fuese mera apariencia —esa hermosura sin seso que volverá más irrisoria a la postre su trágica infidelidad.

Desde su entrada en el microcosmos novelesco, Ana Ozores oscila entre la rebelión contra la monotonía e insulsez de su existencia y la aceptación de su sacrificio a un marido casto y bondadoso: aunque la imagen de don Álvaro la atormenta, profesa un hondo reconocimiento a don Víctor y busca una ayuda espiritual en la Iglesia. Su condición de mujer «sin hijos, sin amor, que había jurado fidelidad eterna a un hombre que prefería un buen macho de perdiz a todas las caricias conyugales» la enternece y subleva. El Magistral se esforzará en encarrilar en su provecho sus impulsos místicos y anhelos de vida más útil y auténtica, en busca de una complicidad ideal que favorecerá el juego de las *almas gemelas* y su papel de *hermano mayor*. Los vaivenes de Ana entre una vida conforme a las pautas del Magistral y el ejemplo de Santa Teresa y la rebeldía que engendra su feminidad frustrada, entre don Fermín, su protector y amigo, y don Álvaro, el seductor cuyo cortejo la halaga, ocasionan zigzagueos más y más violentos a medida que avanza la acción de la obra: Ana pasa de la vida devota con doña Petronila y el grupo de beatas incondicionales del Magistral a las mundaneidades a las que la empujan su marido y amigos, de desmayarse en el baile en brazos de don Álvaro a jurar ser la esclava de don Fermín y probarlo ante Vetusta entera. El paulatino enamoramiento del Magistral y su impotencia frente a los bruscos cambios de humor de la Regenta procuran al lector una serie de escenas admirables, inigualadas en nuestras letras: la del encuentro del trío en el Vivero, el choque de miradas entre don Álvaro y el Magistral, la dicha fugitiva de Ana en medio de los dos rivales; la del columpio en el que queda atrapada Obdulia —las vanas tentativas de soltarla de don Álvaro y la intervención vengadora y eficaz del Magistral—, trazada con un arte y riqueza de pormenores que me traen a la memoria la del patín acuático en la novela *Suave es la noche* de Scott Fitzgerald; la de la conversación de Ana y el Magistral en el salón de Doña Petronila después del lance del baile; la del chaparrón en la huerta, cuando don Fermín, arrastrando consigo al bueno de don Víctor, se precipita a buscar a Ana en la cabaña de sus pecados, en donde cree encontrarla en brazos de su rival...

Si Ana Ozores, simultáneamente rebelde y sumisa, melancólica y exaltada, es una heroína romántica cuya fuerza interior y afán de evasión desbaratados por la inercia de Vetusta conquistan nuestra simpatía, don Fermín de Pas, el Magistral, ofrece a su vez un cúmulo de contradicciones y variedad de matices que le convierten no obstante sus defectos y rasgos odiosos en un personaje fascinador: su sed de poder, estampa de fingida humildad, arrebatos de cólera, acoso de la carne, acomodo a la avidez y negocios simoníacos de la madre no disminuyen su grandeza ni la estima a contrapelo del lector. Su amor espiritual a la Regenta, transmutado poco a poco por los propios celos y las veleidades de Ana, en una pasión que no osa decir su nombre, choca con la imposibilidad absoluta de sus votos y la milenaria tradición eclesiástica, enfrentándose así a un dilema más dramático que el de su amada, puesto que aun en el caso de que cediera a sus impulsos sabe que ella le rechazaría con horror. El día en que, desde la torre de la basílica, sorprende con su catalejo a Ana y su galán paseando juntos por el jardín de Quintanar y, en vez de arrojarse de lo alto de la torre, «como hubiera hecho de estar seguro de volar», se ve obligado a volver a sus sacramentos, don Fermín, «encerrado entre las cuatro tablas de su confesionario, escribe Clarín, se comparó con el criminal metido en el cepo». Frente a Ana, convocada a explicarle la verdad de su desmayo en brazos de don Álvaro, el Magistral se siente entre cadenas, un ser ridículo a causa de la odiosa sotana, un pobre diablo preso. Pero es en el momento de descubrir la cruda verdad del adulterio de labios de Petra, cuando Clarín, sin saberlo, reescribe las estremecedoras páginas de Blanco White en su autobiografía: la situación del hombre atrapado, a causa del chantaje materno, en una trampa sin salida, sacrificado al yugo de unas creencias en las que ha dejado de tener fe:

«El Magistral estaba pensando que el cristal helado que oprimía su frente parecía un cuchillo que le iba cercenando los sesos; y pensaba además que su madre al meterle por la cabeza una sotana le había hecho tan desgraciado, tan miserable, que él era en el mundo lo único digno de lástima (...) él, atado por los pies con un trapo ignominioso, como un presidiario, como una cabra, como un rocín libre en los prados, él, misérrimo cura, ludibrio de hombre disfrazado de anafrodita, él tenía que callar, morderse la lengua, las manos, el alma, todo lo suyo, nada del otro, nada del infame, del cobarde que le escupía en la cara porque él tenía las manos atadas... ¿Quién le tenía sujeto? El mundo entero... Veinte siglos de religión, millones de espíritus ciegos, perezosos, que no veían el absurdo porque no les dolía a ellos, que llamaban grandeza, abnegación, virtud a lo que era suplicio injusto, bárbaro, necio, y sobre todo cruel... cruel. Cientos de papas, docenas de concilios, miles de pueblos, millones de piedras de catedrales, cruces y conventos... toda la historia, toda la civilización, un mundo de plomo, yacían sobre él, sobre sus brazos, sobre sus piernas, eran sus grilletes...»

Imposible leer estos párrafos sin compartir, como en el texto de Blanco White, los sufrimientos ya no reales sino imaginados de un personaje que Clarín forjó con inmensa piedad y maestría artística, encarnación y símbolo de esa Vetusta opresora que, como la Castilla de que hablaba el converso Hernán Pérez de Guzmán cuatro siglos y medio antes, *face a sus omes e los desface.*

(1990)

Sor Juana: Una heroína de nuestro tiempo

(Notas sobre *Sor Juana Inés de la Cruz*
o *Las trampas de la fe,* de Octavio Paz)

I

A principios de la década de los sesenta, durante mis años de profesor visitante en el departamento de español de New York University acariciaba una idea que en un momento de descabellado optimismo llegué a proponer: invitar a media docena de profesores dotados de sensibilidad e inteligencia —aunque no abundan, los hay— para que, de acuerdo a diversos enfoques críticos —histórico, sociológico, sicoanalítico, estructuralista, etcétera—, examinaran durante un cursillo una misma obra —rica, compleja, ilimitada, enjundiosa— como el *Quijote* o *La Celestina.* Por espacio de unas semanas, los estudiantes disfrutarían así, dije, de la posibilidad de analizar desde perspectivas distintas —y a veces contrapuestas— un edificio verbal que sería, según los casos, expresión personal del autor, reflejo de la época y sociedad en que vivió, objeto de discursos ideológicos condicionados por diferentes premisas, simple estructu-

ra autónoma, eslabón en una cadena de obras
o, por mejor decir, prolongación fructífera de
esas raíces, tronco y ramaje que componen el
árbol de la literatura. Todas las exposiciones
—anticipé— resultarían a la vez insuficientes
y válidas. Los estudiantes que hubieran tenido
el privilegio de asistir a esa conjunción inter-
disciplinaria habrían podido comprobar el carácter ambiguo, dúctil, maleable, finalmente
enigmático de una obra a la vez diferente y
única, ya que ni la historia ni la sociología ni
el estudio sicobiográfico ni la exposición puramente estructural aclaran del todo la opaci-
dad de la creación artística: en el mejor de los
casos, dichos métodos se complementan sin
elucidar no obstante los elementos y puntos
irreductibles del texto estudiado. La obra los
contiene sin dejarse contener por ellos. La conciencia de la imposibilidad de una explicación definitiva y totalizadora impone por tanto una cierta cautela y distancia en cuanto al
empleo del método elegido: lo que éste nos
descubra será necesariamente incompleto y
parcial. La imaginación crítica e imantación
zahorí de la escritura permiten en algunos casos excepcionales aunar los diversos discursos
y acercamientos obsidionales, cerner en la medida de lo posible el misterio de la invención
literaria o poética. Pues el poeta, el escritor,
como dice Octavio Paz, es el olmo que sí da pe-

ras. Saborear y hacernos saborear esas peras sin ocultarnos su insólita procedencia es la tarea del crítico descondicionado y lúcido, capaz de actuar libremente frente a sus propios principios y cuidadoso de la parte del lector en la infinita recreación del texto escrito.

II

Este cursillo ideal en el que soñaba lo encuentro realizado casi en la aproximación polifacética de Octavio Paz al mundo y la obra de un gran poeta en *Sor Juana Inés de la Cruz* o *Las trampas de la fe*: utilización sagaz y flexible de diferentes métodos críticos sin aferrarse a ninguno; insistencia en la complejidad de relaciones que unen la escritura con la sociedad y vida del autor; prudencia y aun modestia a la hora de formular conclusiones. Octavio Paz no nos presenta una Sor Juana convenientemente adaptada a la vara de medir o potro de tortura de unas conclusiones fijadas de antemano como Pfandl o el jesuita Diego de Calleja: una respuesta clara y global a los enigmas que plantea. Los matices, recovecos, opacidades, subsisten. Sin embargo de eso, ¡qué inteligencia y penetración en los análisis circunstanciados de las distintas piezas del *puzzle* que integra la vida y la obra del más

notable poeta de la Nueva España! En vez de
las explicaciones simplistas y lineales de los
habituales hagiógrafos y sabelotodo, Paz nos
introduce paso a paso en los laberintos y jerar-
quías del mundo virreinal en el que nació y
vivió Sor Juana, pasa por el cedazo de la crítica sus valores religiosos, políticos y morales,
proyecta una luz cruda sobre su carácter pa-
trimonial y dogmatismo obtuso: sociedad tolerante y aun relajada en lo que toca a las costumbres —la manga ancha de los jesuitas
españoles, manifiesta en los manuales de confesión de la época, se situaba en los antípodas
de la rigurosidad jansenista francesa— e inexorable en cuanto a la más estricta ortodoxia religiosa —hasta el extremo de cerrar con candado
doble los dominios hispanos a los descubri-
mientos revolucionarios de la filosofía y de la
ciencia— en la que una muchacha de origen
bastardo y sin recursos como la futura autora de
Primero sueño no tenía ninguna posibilidad
de desenvolver sus dones literarios y amor al
saber fuera del marco de la vida conventual. Ni
la Universidad ni los colegios universitarios
abrían sus puertas a las mujeres.

A tres siglos de distancia, la figura de
Sor Juana no parece ni remota ni empequeñe-
cida: numerosos aspectos de la misma y las
circunstancias a veces dramáticas de su vida la
arriman a nosotros, la convierten en contem-

poránea nuestra. Niña solitaria, criada a la sombra de un padrastro a quien significativamente jamás evocará, su signo y sino, pasión, castigo, sería la curiosidad. En la famosa *Respuesta* a sus detractores, Sor Juana recuerda que «desde que me rayó la primera luz de la razón, fue tan vehemente y poderosa la inclinación a las letras, que ni ajenas represiones (...) ni propios reflejos (...) han bastado a que deje de seguir este natural impulso que Dios puso en mí». Esa extraordinaria biografía intelectual en la que la sinceridad de la confesión —tan próxima a trechos a la que siglo y medio después nos sobrecoge en Blanco White— se entrevera con justificaciones tácticas de una mujer que se sabía acosada —consciente del peligro que corre, pese a que no quiere «ruidos con el Santo Oficio»—, nos refiere con singular lucidez las etapas de un amor al saber que debía llevarla primero al convento —no obstante su repugnancia a «los ejercicios y compañía de una comunidad» tan contrarios «a la quietud» que pedía su «estudiosa inclinación»— y finalmente a la defensa de su derecho frente a quienes, desde el arzobispo de México a su confesor, sostenían que la luz del entendimiento sobraba a una monja. A los siete años, nos refiere, sabía leer y escribir; siendo todavía una niña, devoró los libros «varios» de la biblioteca de su abuelo «sin que bastasen castigos ni reprensiones para estorbarlo»; más tarde, quiso ir a la Universidad vestida de hombre y, ante la negativa materna, se consoló con la lectura y estudio de cuantas obras tenía a su alcance. Educada —o más bien, recogida— por unos parientes lejanos, su belleza, donaire e inteligencia precoz atrajeron a los virreyes. Durante cuatro años, Juana Inés permaneció en la Corte como dama de honor de la marquesa de Mancera, periodo sin duda crucial en el que se fraguó la decisión que determinaría el rumbo de su vida: su profesión de monja. Como nos muestra Paz, la única posibilidad de una muchacha pobre y sin apellido como ella de acceder al universo cultural acaparado por los hombres consistía en abrazar la vida religiosa.

¿Y el matrimonio? La referencia concreta de Sor Juana a su «total negación» para el mismo no nos aclara las cosas del todo: ¿falta de atracción por el otro sexo, como creía Pfandl?; ¿imposibilidad de una unión decorosa?; o bien ¿conciencia de la incompatibilidad de la vida familiar con sus aspiraciones literarias e intelectuales? Probablemente un poco de todo, si bien la última razón fue a todas luces la decisiva.

En la sociedad novohispana, como en la hispanoamericana de nuestros días, matrimonio y desenvolvimiento cultural de la mu-

jer son términos frecuentemente inconcilia-
bles. La arrogancia e inseguridad masculinas,
la incapacidad de la mayoría de los varones de
aceptar en la práctica la igualdad de derechos
y deberes con sus cónyuges, enfrentan a las
muchachas vivas y estudiosas a un dilema ar-
duo. Ayer el claustro, hoy los Departamentos
de Ciencias o Humanidades: la soledad de Sor
Juana por amor al saber anticipa la de millares de mujeres en el ámbito de nuestros países. Obligadas a escoger entre un matrimonio
a menudo embrutecedor y la profesión uni-
versitaria, han optado como ella por la compañía silenciosa de los libros en vez de una
situación de dependencia y barbecho intelectual. La dificultad en algunas sociedades y
medios de formar una pareja sobre bases de
comunicación moral y afectiva, las obliga a
refugiarse en el mundo de las palabras y las
ideas. En Puerto Rico, en México, en Vene-
zuela, he conocido a estas seguidoras del mayor poeta de la Nueva España: como ella han
sublimado la libido y convertido el hogar en
la casa del lenguaje. Libros, ideas, lecturas en lugar de supeditación a la ley de la especie. El
precio pagado es sin duda alto pero la facultad
de realizarse en el campo vocacional de su profesión se revela a la larga más enriquecedora.

   Las leyendas piadosas y edificantes acerca de la decisión de Juana Ramírez de Asbaje de

profesar en el convento de las jerónimas no se fundan en realidad alguna. «No hay la menor alusión al llamado de Dios ni a la vocación espiritual», escribe Paz al comentar aquélla. «La elección de Juana Inés no fue el resultado de una crisis espiritual ni de un desengaño sentimental (...) El convento no era escala hacia Dios sino refugio de una mujer que estaba sola en el mundo.» El cotejo de los escritos de la propia Sor Juana con los elementos y datos de que hoy disponemos sobre su entorno social y familiar contradice las versiones amañadas de Calleja y los demás tratadistas católicos: ni en la corte virreinal ni en el interior del convento brilló por su devoción sino por su ingenio y afán de conocimiento. En cuanto a la «masculinidad» evocada por Pfandl, si tenemos en cuenta las barreras infranqueables que se oponían a la educación de las mujeres, fue producto ante todo de la discriminación sexual de su mundo. «La biblioteca, escribe Paz, es un tesoro que consiste en libros hechos por hombres, acumulados por ellos y distribuidos entre ellos. Para apoderarse de ese saber hay que hacer lo que hacen todos los ladrones, sin excluir a los héroes del mito: disfrazarse.» La virilidad fue un disfraz impuesto a Sor Juana por la sociedad como lo fueron también los hábitos monjiles: el afán suyo de aprender la integró *nolens, volens* en el universo intelectual masculino y alquitaró a la vez su feminidad en el interior del convento. Más tarde, las acechanzas y trabas que hallaría en su camino la obligarían a trascender ese travestismo simbólico: a defender el derecho a la instrucción de su sexo, sostenido ya unas décadas atrás en España por doña María de Zayas.

III

La personalidad de Sor Juana, a menudo contradictoria, revela no obstante, en el nódulo mismo de sus contradicciones, una profunda coherencia. Mujer práctica y capaz de navegar en un mundo de intrigas políticas y eclesiásticas, supo granjearse el favor de los sucesivos virreyes y capear durante más de veinte años las tormentas provocadas por la envidia de sus compañeras y la oposición cada vez más abierta de las autoridades religiosas, escandalizadas por el tono de algunas de sus obras profanas y el ansia de enriquecer y extender los límites de su vida intelectual. Los innumerables poemas cortesanos, cuya adulación y carácter ditirámbico sorprenden a los lectores de hoy, eran moneda corriente en la sociedad de su tiempo: todos los poetas españoles emularon en sus extravagantes elogios de la «hazaña inmortal» de Felipe IV de alancear un toro, incluso el judaizante Miguel Cardoso recientemente biografiado con gran talento por Ierushalemi. Como dice Octavio Paz, «el sol de las loas de Sor Juana era el endeble y obtuso Carlos II; los planetas y luminarias que lo rodeaban, cortesanos ineptos, políticos rapaces y nobles estúpidos. En todas las sociedades cerradas y despóticas la ideología acaba por suplantar a la realidad».

Para preservar su espacio vital —esa «celda-matriz-biblioteca» de su escritura y lecturas—, Sor Juana aceptó de buen grado las servidumbres mundanas y halagos de la fama. Sus aposentos no fueron sólo el ámbito recogido de sus estudios sino también el centro de amenas y donosas tertulias: en ellas se recitaban poemas y endechas, alguna de las cuales debía haber hecho sonrojar a más de un oyente pacato. Tal era el precio exigido por su independencia y gustosamente lo pagaba. Poemas de encargo, obrillas de índole religiosa dedicadas a conmemorar acontecimientos o festividades, panegíricos de las autoridades virreinales eran la otra cara de la moneda de su entrega absoluta a las letras. Entrega a la vez a contrasexo y a contratiempo: la obra mayor de Sor Juana, ese admirable e insólito *Primero sueño,* cifra en efecto, como subraya Paz, un afán de saber único en la literatura española de la época. La paulatina desertización cultural de la Península originada por la Contrarreforma se prolongaba en sus dominios americanos. Un espíritu audaz como el de Sor Juana —verdadero mirlo blanco en un panorama amodorrado y yermo— debía luchar tanto contra el asedio de los prelados y príncipes de la Iglesia como contra el anacronismo y limitaciones de la cultura a la que tenía acceso. Su librería, señala con razón Octavio Paz, era «un espejo del inmenso fracaso de la Contrarreforma en la esfera de las ideas». La prohibición, un siglo y pico atrás, de importar libros impresos fuera de los reinos y el eficaz *cordón sanitario* establecido por Felipe II para preservar a España de la herejía, se traducían en una parálisis del saber cuyos efectos todavía padecemos. Los estragos causados por la Inquisición en la educación cultural y moral de los españoles han sido magistralmente descritos por Blanco White en su autobiografía y *Cartas de España.* Como él,

«Juana Inés de la Cruz tuvo que vivir entre ideas y libros envejecidos. La escolástica desaparecía en el horizonte y el neoplatonismo era una novedad vieja de dos siglos: la primera era una momia y la otra una reliquia. Los clérigos que la rodeaban y que alternativamente la mareaban con sus elogios y la atormentaban con sus escrúpulos y distingos, admiraban en ella sobre todo el saber teológico: un saber fantasmal, una especulación vacía. Su texto más comentado, causante de un gran escándalo intelectual en México, España y Portugal, la *Carta atenagórica,* es un ejercicio a un tiempo sutil y vano. Hoy es ilegible. Esas páginas fueron escritas en 1690 y ya entonces eran anticuadas: en esos años escribían Leibniz, Newton, Spinoza y tantos otros.»

Quienes recordamos las dificultades de procurarse libros de literatura y pensamiento prohibidos en la España de los cuarenta —cuando los héroes de la vida cultural se llamaban Laín Entralgo, Ridruejo, Rosales, Pemán y Panero—, el paralelo nos impresiona. El aislamiento de las ideocracias tocante al mundo de las ideas ajenas provoca en efecto situaciones tan anacrónicas como la de aquel amigo soviético de origen hispano que, a mediados de los sesenta, porfiaba por conseguir, para alimentar sus aficiones filosóficas, no ya las obras de Heidegger y Sartre sino las de Nietzsche y Kierkegaard: fuera de sus farragosos manuales de divulgación marxista-leninista, su única mirilla o aspillera al universo intelectual de fuera eran unas pocas obras, preciosamente atesoradas, de Ortega y Unamuno.

Alguien ha observado con agudeza, escribe Blanco White, que quien deseara formar

una buena biblioteca debería escoger exclusivamente sus libros en el Índice de las obras
prohibidas. Dicha posibilidad no estaba por
desgracia al alcance de Sor Juana. Los límites
de lo que no se podía leer ni podía decir configuran estrictamente su obra y dan un mayor
dramatismo a su voz cuando, casi a pesar de
ella, franquea el umbral de lo indecible. Sus
conflictos con la autoridad de esa cofradía anó-
nima de «lectores privilegiados y terribles»
evocada por Paz no eran de índole mística
como los de San Juan de la Cruz sino de orden
intelectual. La ascensión del alma al saber del
Primero sueño se sitúa así más cerca de la especulación racionalista de los filósofos que de la
unión transformante con la Divinidad de los
alumbrados. Sor Juana no escribe Dios sino
Alto Ser, Primera Causa y Autor del Mundo,
evita toda mención a Cristo y se refiere al alma
como centella o chispa del fuego divino. El
deísmo racionalista del poema tuvo que per-
turbar a la caterva invisible de sus celadores: la
expresión poética de la aventura intelectual
del alma, su caída y ascenso al saber nos sorprenden todavía con su fuerza y autenticidad.
Si Sor Juana había asimilado la lección de los
poetas españoles de su siglo, de Lope de Vega a
Góngora, el poema se adentraba en un terreno
nuevo, desconocido por éstos. «La originalidad del *Primero sueño,* observa Paz, es de orden

distinto y más radical: dice algo que nadie había dicho antes en español, algo que sólo dos siglos después sería dicho en otras lenguas. En este sentido, pertenece a la historia de la poesía universal.»

IV

Otras facetas primordiales de la vida y obra de Sor Juana —su amistad amorosa con la virreina, María Luisa Manrique de Lara, y lo que en lenguaje un tanto aproximativo llamaríamos hoy feminismo— no fueron estudiadas por razones obvias hasta este siglo. Lo arriscado del tema en el primer caso inducía a la mayoría de los biógrafos a sortearlo. ¿Cómo interpretar sin azoro algo tan inverosímil para la opinión común de la época como la pasión, aun sublimada, entre dos mujeres? Sorpresa, perplejidad, confusión eran las únicas reacciones posibles ante una conducta particular que infringía a la vez la previsión razonable y una máxima general implícita y admitida. Inverosímil e inconveniente, la atracción sentimental en el campo del mismo sexo era una conducta sin máxima y, en consecuencia, inexplicable. Aun leídos en clave platónica, los poemas de Sor Juana a María Luisa son declaraciones de un amor que, a juzgar por el crescendo y profundización del tema, fue de un modo u otro correspondido. «Es indudable que, desde 1680 —escribe Paz—, la relación con la condesa de Paredes se volvió el eje de la vida sentimental de Sor Juana.» Ahora bien, la índole de esa pasión exaltada, advertida con desazón por sus contemporáneos, ¿se manifestó claramente a las interesadas? El exquisito atrevimiento del elogio corporal de la condesa de Paredes que figura en el famoso romance decasílabo incitaría a pensarlo así; pero la mezcla de la voz personal con la corriente neoplatónica o del amor cortés en la que bebe la poesía de Sor Juana no permite dilucidar el asunto. El intenso erotismo de la poesía mística de Ibn Al Farid y San Juan de la Cruz puede ser leído a la vez —para desesperación de sus glosadores ortodoxos— como expresión del amor divino o del amor terreno, sin que podamos privilegiar ni excluir ninguna de sus lecturas. Esta ambigüedad de la obra poética es precisamente el signo de su riqueza: de su imposibilidad de ser aclarada con una lectura biográfica necesariamente reductivista.

Las redondillas de Sor Juana en torno a la vieja polémica sobre las virtudes y defectos de las mujeres añaden a su vez un elemento nuevo a la tradición poética castellana. Octavio Paz, después de evocar la corriente favorable al «segundo sexo» de Sánchez Badajoz, Diego de San Pedro y Gil Polo, no duda en calificarlas de ruptura histórica: «por primera vez en la historia de nuestra literatura una mujer habla en nombre propio, defiende a su sexo y, con gracia e inteligencia, usando las mismas armas que sus detractores, acusa a los hombres por los vicios que aquellos achacan a las mujeres. En esto Sor Juana se adelanta a su tiempo: no hay nada parecido en el siglo XVII, en la literatura femenina de Francia, Italia e Inglaterra.» Curiosamente, en la de España sí. María de Zayas y Sotomayor, a quien dediqué en *Disidencias* un extenso estudio, condena también la presunta inferioridad de las mujeres y, cincuenta años antes que Sor Juana, defiende su derecho a la educación y al cultivo de las letras: «¿Por qué, vanos legisladores del mundo, atáis nuestras manos para las venganzas, imposibilitando nuestras fuerzas con vuestras falsas opiniones, pues nos negáis letras y armas? ¿El alma no es la misma que la de los hombres (...)?; y así, por tenernos sujetas desde que nacemos vais enflaqueciendo nuestras fuerzas con los temores de la honra, y el entendimiento con el recato de la vergüenza, dándonos por espadas ruecas, y por libros almohadillas.» La narradora española, muy popular entre sus contemporáneos e injustamente preterida luego, se burla a menudo con gracia de la opinión común sobre su sexo, conforme a la cual «una mujer no había de saber más de hacer su labor y rezar, gobernar su casa y criar sus hijos, y lo demás eran bachillería y sutilezas, que no servían sino de perderse más presto». Es más: su denuncia del egoísmo masculino y de la opresión intelectual bajo la que desmedra la mujer se tiñe a momentos de una virulencia sarcástica digna de las actuales feministas: «Y así, en empezando a tener discurso las niñas, pónenlas a labrar y hacer vainillas, y si las enseñan a leer es por milagro, que hay padre que tiene por caso de menos valer que sepan leer y escribir sus hijas (...). De manera que no voy fuera de camino en que los hombres de temor y de envidia las privan de las letras y las armas, como hacen los moros con los cristianos que han de servir donde hay mujeres, que los hacen eunucos para estar seguros de ellos.» Los hombres, denuncia la heroína de uno de sus relatos, se han propuesto «afeminarnos más que Naturaleza nos afeminó», ya que las mujeres tienen «el alma tan capaz para todo como la de los varones». Su poder, agrega, ha sido «tiránicamente adquirido», y, abundando en esa opinión, una de sus protagonistas exclama: «¡Ea, dejemos las galas, rosas y rizos y volvamos por nosotras: unas con el entendimiento, y otras, con las armas!»

¿Conocía Juana Inés el alegato y vindicación de su precursora? Parece difícil que no haya sido así dada la gran divulgación alcanzada en su siglo por sus volúmenes de relatos; con todo, no hallamos en sus obras la menor referencia a ella. Ese silencio puede haber sido dictado por la prudencia, como ocurre a menudo con los escritos de la monja, obligada por el asedio de las autoridades eclesiásticas a ocultar sus lecturas juzgadas peligrosas. En cualquier caso es obvio que Sor Juana no disponía ni mucho menos de la misma libertad que la española. En su respuesta a quienes la atacaban por cultivar las letras profanas no recata el hecho de que se la critica ante todo por ser mujer: «no conviene a la santa ignorancia, que debe, este estudio; se ha de perder, se ha de desvanecer en tanta altura con su misma perspicacia y agudeza», escribe parafraseando irónicamente los argumentos de sus detractores. La tolerancia y aun permisividad de la Iglesia con los malos sacerdotes —Lope de Vega es el mejor ejemplo de ello— contrastaba con su rigor tocante a una monja sin duda poco devota, pero de irreprochable conducta. Curas y religiosas no eran medidos con el mismo rasero. La inferioridad metafísica de la mujer establecida por el cuerpo doctrinal de la Iglesia —la concepción agustiniana de «una existencia desprovista de esencia»—

explica que la defensa de Sor Juana fuese considerada por los prelados y autoridades religiosas de quienes dependía como un caso flagrante de suficiencia y de rebeldía.

El refugio que Juana Inés había creído encontrar en el convento se transformó insidiosamente en una trampa. María de Zayas pudo escribir lo que escribió porque se limitaba a una crítica de las costumbres y no estaba sometida a las reglas y obligaciones monásticas; aunque sujetos por sus votos, Góngora y Lope de Vega disfrutaban del privilegio de ser varones... Mujer y monja, ella se hallaba totalmente desamparada. Para colmo de males, su audacia intelectual la conducía a terrenos escabrosos, coto exclusivo de una pequeña taifa de teólogos. Si a ello añadimos su *mundaneidad* y las relaciones exaltadas con María Luisa, su actitud debía resultar inadmisible a los santos y piadosos personajes que de cerca o de lejos velaban por su conciencia. La valentía y sinceridad de Sor Juana, aun arropadas con conformismo externo, acabaron por volverse contra ella. Su drama final simboliza el del poeta e intelectual encerrados en un mundo ortodoxo de dogmas asfixiantes. Como Faetón, aceptó el riesgo de la transgresión por amor al saber. Inconscientemente quizás, había previsto también el de su castigo y caída.

V

Como nos muestra detalladamente Paz, empleando por turno y combinando entre sí los diferentes enfoques críticos de mi *cursillo ideal* neoyorquino, la derrota y abjuración de Sor Juana fueron producto de un concurso de circunstancias de muy diversa índole que en un momento dado se conjugaron contra ella y arramblaron con su precioso cobijo. En 1691, inundaciones, plagas, epidemias y hambre asolaron la Nueva España, desencadenando una ola de superstición avivada desde el púlpito por predicadores fanáticos.

Éstos atribuían dichas calamidades a la impiedad o tibieza religiosa de sus habitantes, sin lograr contener no obstante los motines populares y pillaje de bastimentos. En dicha situación general de crisis, las autoridades eclesiásticas y en primer lugar el temible arzobispo de México, Aguiar y Seijas —un implacable enemigo de Sor Juana—, vieron reforzado su poder frente al virrey. La condesa de Paredes y su esposo habían regresado a España y su sucesor, el conde de Gelve, sacudido por los acontecimientos, no se hallaba en condiciones de sostenerla. La monja había cometido además la imprudencia de inmiscuirse en el conflicto soterrado que oponía a Aguiar y Seijas al obispo de Puebla y, peor aún, había respondido a la *paternal* invitación del último a que abandonara el cultivo de las letras con una justificación en regla de su vocación de escritora. Para sus adversarios, esa temeridad suya constituía un claro ejemplo de orgullo y obstinación.

Sor Juana debió advertir poco a poco la situación insostenible en la que se encontraba. Sus barreras protectoras, edificadas pacientemente por espacio de veinte años, se habían derrumbado una tras otra. Sin amigos ni valedores de peso en los que escudarse, no tenía otra alternativa que inclinarse o, en el caso contrario, caer en las mallas de la Inquisición. Literalmente acorralada, llena de enfermizos remordimientos y escrúpulos, buscó la penitencia con su confesor y la reconciliación con la Iglesia. El poder terrorífico de ésta, alimentado por las hogueras encendidas durante siglos, disuadía de cualquier conato de rebeldía y *pertinacia en el error*. La memoria de lo ocurrido a las víctimas pesaba en el ánimo de todos los hombres y mujeres interiormente reacios a su autoridad. Como dijo en una ocasión Blanco White, el Santo Oficio no había cedido con los años en su empeño de quemar; lo que sí había rebajado de forma espectacular era el número de quienes estaban dispuestos a morir en defensa de sus creencias. Ella sólo había buscado un pequeño hueco para respirar en el ámbito opresivo de la ortodoxia. En unos pocos meses de acoso, desamparo, soledad y angustia, el admirable poeta de *Primero sueño* se convirtió en una penitente abrumada. Los tratadistas católicos que han escrito sobre ella se esfuerzan en describir ese cambio desde un prisma edificante y excelso. Su renuncia a las letras y la entrega simbólica de su biblioteca al más feroz de sus perseguidores fueron motivo de elogio almibarado y presentados como ejemplo de virtud. «Movida del cielo y avergonzada de sí misma por no haber correspondido como debiera a las mercedes divinas», escribe Oviedo, mandó a buscar a su confesor, al fin de quedar «sola con su Esposo» y «crucificar» con fervoroso rigor «sus apetitos y pasiones».

«Si hubiesen triunfado estos puntos de vista», escribe Octavio Paz, «se habría desfigurado definitivamente a la verdadera Sor Juana, oculta para siempre bajo la máscara de la santidad».

La observación es certera y los conocedores de la vida y obra de San Juan de la Cruz no podemos menos que preguntarnos si no ha sido precisamente eso lo que ha ocurrido con la figura del fundador de los Descalzos. La ambigüedad genial de sus poemas, su innegable parentesco espiritual con los alumbrados, las precauciones que tomó en torno a la difusión de su obra, la devoración de su manuscrito (¿sobre las *Propiedades del pájaro solitario*?), la protección apasionada de las monjas y devotas que siempre le rodearon, la astucia y habilidad que le permitieron fugarse del convento de Toledo, etcétera, componen la imagen de un hombre a la vez calculador y ardiente, arrebatado y cauto, en los antípodas de las estampas melifluas de su hagiografía. La operación de rescate de Octavio Paz respecto a Sor Juana es así un magnífico ejemplo de lo que los estudiosos españoles deberían hacer no sólo con San Juan sino también con Cervantes, enterrado aún bajo el peso de una masa de prejuicios, escamoteos, deformaciones y leyendas interesadas que han adquirido a fuerza de reiterados un carácter oficial e intangible.

La falsificación de la historia transformó hasta el siglo XX la derrota y sumisión de la monja en un rasgo sublime. No obstante, como señala Paz, no aparecen en su *conversión* súbita «ninguno de los signos que acompañan a esta clase de revoluciones psíquicas (...) Dejó sólo fórmulas estereotipadas (...) tres declaraciones devotas escritas en una prosa indigna de ella y, en una página, un hilillo de sangre pronto secada».

¿Imitación de Cristo? ¿Afán de domar su egoísmo, vanidad y soberbia con el extremado rigor de la penitencia? «Gesto más bien, dirá Paz, de una mujer aterrada, que pretende conjurar la adversidad con el sacrificio de lo que más ama.» Sus días finales, como los de Molinos, fueron los de una sombra o fantasma: victoria brutal del poder sobre la inteligencia, entrega absoluta del alma a los eternos regidores del conformismo y esterilidad.

VI

En torno a la ausencia de la Sor Juana real —esa mujer de carne y hueso, seductora y bella en su obligada modestia, pintada por sus retratistas— Octavio Paz ha tejido con paciencia y escrupulosidad una compleja trama verbal que nos la restituye viva: enamorada y lúcida, palpitante, tangible, con unos defectos no menos atractivos que sus virtudes. Transmutada ella misma en un universo de signos, su presencia fecunda, la imaginación del lector, indemne de los asaltos del mundo y ultrajes del tiempo.

Un último elemento de los sucesivos asedios de Paz a la figura y obra del gran poeta merece ser destacado: la felicidad de la escritura. A pesar de la prolija erudición de que hace gala, el lector se interna en su obra con la misma grata sensación de bienandanza de quien recorre un paisaje bello. A veces, una línea cumplida nos recuerda que el autor es a su vez un poeta: *el río de ternura en la aridez de un cuarto* no cifra sólo la pasión amorosa de Lope de Vega. Es el epítome de la gracia que infunde vida a la palabra y promueve al lector al rango de artífice de la perpetua creación universal.

(1988)

Las dos orillas de Carlos Fuentes

En un notable artículo sobre las tan huecas como triunfalistas conmemoraciones del Quinto Centenario, el director del Instituto de Filosofía del CSIC, Reyes Mate, proponía una integración de la *visión de los vencidos* en la percepción global de los hechos por parte española y esclarecer así una serie de elementos, de ordinario ignorados u ocultos, de nuestra pasada y presente identidad: en otras palabras, transformar el bullicio en un fructuoso ejercicio de memoria[*].

Las dos orillas, la recentísima novela corta de Carlos Fuentes, responde de forma cabal a esta exigencia ética. Lo que el olvido y la presentación unilateral de los acontecimientos lograron sepultar en la conciencia hispana en los siglos siguientes a la Conquista, lo restituye a través de una percepción bifocal y la imaginación creadora. Ningún texto literario expresa mejor el espíritu que

[*] Reyes Mate, «La visión de los vencidos de América», *El País,* 1-4-1992.

debería haber animado la conmemoración del 92 que esta ficción que, a través de la pluma de un traductor=traidor, alcanza la realidad de la visión por medio de la mentira. El *veni, vidi, vinci* del César se trueca aquí en un no menos sugerente y conciso: *traduje, traicioné, inventé.*

Como en *Terra nostra*, la aventura creadora del novelista —su propósito de reescribir la verdad posible a partir de la disposición y manejo libérrimos de sus componentes— se nutre de un conocimiento profundo de las fuentes históricas. El narrador que asume el poder de la palabra, mezcla hábilmente la visión española del azteca y del maya —vaya de ejemplo el fino retrato de la fragilidad, incertidumbre y fatalismo de Moctezuma— con la de los pueblos indoamericanos sorprendidos de la llegada de aquellas criaturas fabulosas profetizadas por sus sacerdotes: «No fuimos, pues, sólo hombres quienes entramos a la Gran Tenochtitlan en el 3 de noviembre de 1520, sino centauros: seres mitológicos con dos cabezas y seis patas, armados de trueno y vestidos de roca. Y, además, gracias a las coincidencias del calendario, confundidos con el Dios que regresaba, Quetzalcóatl.» Fruto del mestizaje engendrado por la derrota y el desarraigo brutal de las culturas indígenas, el mexicano de hoy se ve forzado a convivir a las buenas o a las malas con la verdad relativa de ambas visiones. Una antología de testimonios como la de López Portillo —citada con razón por Reyes Mate— baraja las voces hispanas, a veces disidentes, con las de las víctimas del gran cataclismo: «van llevando puesto hierro, van ataviados de hierro, van relumbrando. Por eso se les vio con gran temor, van infundiendo espanto en todo: son muy espantosos, son horrendos.» Dichas descripciones, huelga decirlo, descalifican la ya acuñada expresión «encuentro de dos culturas»: si va a decir verdad, el choque aplastó a una de ellas y la dejó a merced de la crueldad, codicia, proselitismo y afán redentor de los vencedores.

El narrador de *Las dos orillas* ha interiorizado ambas perspectivas en su condición de español aindiado, no de indio hispanizado, precisión muy importante, como veremos, para aprehender la estrategia del relato. La comunidad de lengua y costumbres con unos y la simpatía y acercamiento moral a los otros —hasta el punto de traicionar su propia causa—, le sitúan en una encrucijada de sentimientos e ideas que abarca los defectos y flaquezas de los dos campos: el odio fratricida de los pueblos mexicanos sujetos a Moctezuma se corresponde con la sañuda lucha intercastiza de esa Castilla que, como se lamenta uno de sus más ilustres hijos, *face a sus omes e los desface*. En consecuencia, Jerónimo de Aguilar, el español aindiado descubierto por Cortés en las costas de Yucatán, resumirá el cúmulo de experiencias íntimas y contradictorias de su visión bifocal de las cosas, con una sabiduría triste y decepcionada: «No nos engañemos; nadie salió ileso de estas empresas de descubrimiento y conquista, ni los vencidos, que vieron la destrucción de su mundo, ni los vencedores, que jamás alcanzaron la satisfacción total de sus ambiciones, antes sufrieron injusticias y desencantos sin fin. Ambos debieron construir un nuevo mundo a través de la derrota compartida.»

La forma en que se nos presenta el texto de Carlos Fuentes nos obliga a detenernos en ella: a establecer la personalidad del narrador, el punto de vista en el que se sitúa, el lugar de donde procede su voz. Dicho ejercicio previo tiene en el relato —en toda relación escrita de un hecho— una especial importancia. No lo olvidemos: la manera en que un comisario de policía redacta su informe constituye ya la mitad del informe. Y esto es tan verdad en un acta policial como en un relato alambicado, de sencillez capciosa como el que nos propone Fuentes. La deliberada ambigüedad del *status* del narrador responde así a la imprecisión inicial de sus proyectos, a horcajadas de dos mundos y escalas de valores. Como para sus-

tentar los zigzags y brincos de su memoria, el
autor lo sitúa en lo que Ibn Arabi denomina
«el mundo de la sutileza». La voz que nos
habla viene de un muerto; el lugar de elocu-
ción es un sepulcro: «Yo acabo de morir de
bubas. Una muerte atroz, dolorosa, sin remedio...», «trato, desde mi tumba...», «desde mi
sudario intangible...», «la muerte me autoriza a decir que...», «hablo y me pregunto
desde la muerte...», etcétera. Pero estas balizas
indicativas de la presencia-ausencia del narrador, espigadas a lo largo del relato, entran a
menudo en colisión con otras en las que el
mismo no ha fallecido aún sino que agoniza:
«Yo, Jerónimo de Aguilar, veo el Nuevo Mundo
antes de cerrar para siempre los ojos.» «Os
diré, en resumen, y con el escaso aliento que
me va quedando.» «Me quiero despedir del
mundo con esta imagen del poder y la riqueza
bien plantada en el fondo de la mirada.» Ya
muerto, ya agonizante, el narrador circula de
uno a otro mundo —del sutil al craso— con
la misma facilidad y ligereza con las que nos
vemos y actuamos en los sueños. Su discurso
se articula así envuelto en un aura de irreali-
dad indispensable para que mentira y verdad
truequen sus papeles, los opuestos converjan
y adquieran tangibilidad las patrañas. El lector, prevenido por tal cúmulo de indicaciones
contradictorias, abandona su habitual paso li-

gero para internarse en el texto con cautela, como en un campo ameno y florido, pero sembrado de trampas. La identidad del narrador —a veces pluma, a veces voz— se nos transmite de manera indirecta: «Cincuenta y ocho veces soy mencionado por el cronista Bernal Díaz del Castillo en su historia verdadera de la conquista de la Nueva España. Lo último que se sabe de mí es que estaba muerto cuando Hernán Cortés salió en su desventurada expedición a Honduras en octubre de 1524. Así lo describe el cronista y pronto se olvida de mí.» Tras esta revelación histórica, pero venida del Más Allá, la voz de la narración, desde su *atopía,* reproduce una última consignación del cronista: «Pasó otro soldado que se decía Jerónimo de Aguilar; este Aguilar pongo en esta cuenta porque fue el que hallamos en la Punta de Catoche, que estaba en poder de los indios e fue nuestra lengua. Murió tullido de bubas.»

Detengámonos un momento a recomponer las piezas dispersas de este texto cuya numeración invertida —y sobre ello volveremos luego— va del 10 al 0: en las costas de Yucatán, Cortés descubre la existencia de un español aindiado, náufrago en aquellos parajes, y a quien en adelante, después de interrogarle, empleará de intérprete. Otro colega suyo —Gonzalo Guerrero— consigue ocultar su identidad al extremeño; su deseo es proseguir su vida de hombre libre entre los mayas. Y, mientras Jerónimo de Aguilar acompaña a Cortés en la conquista de México, Guerrero permanece en Yucatán, como indispensable ejecutor de los sueños de la donjulianesca empresa del descubrimiento y conquista de España por los amerindios fraguada por el trujamán.

Lo que éste pretende obtener primero con su conocimiento exclusivo de las dos lenguas —traducir, traicionar— lo logrará luego gracias a la ficción: con lo que mi admirado Blanco White llamaba «el placer de las imaginaciones inverosímiles». Resuelto a defender la causa de los indígenas, Aguilar traduce a su antojo, deforma las palabras de Cortés, trata de poner en guardia a los aztecas e impedir la derrota de Moctezuma. Pero la intervención de doña Marina —la célebre *Malinche*, esclava maya barragana del conquistador, «que había arrancado la lengua española al sexo de Cortés, se la había chupado»— al despojarle de su imprescindible función —el monopolio del habla— le fuerza a modificar la estrategia. Aunque su poder de decidir la paz o la guerra se esfuma, Aguilar comprueba amargamente que el fin de Moctezuma —«arrastrado sin pies por la carroza del vencedor, coronado de nopales y al cabo colgado de cabeza, desde las ramas de una ceiba sagrada, como un animal cazado»—

se cumple tal y como, mintiendo para prevenirle del peligro que corría entre los españoles codiciosos de oro, se lo había pronosticado. El traductor-traidor había acertado en su profecía mentida: las elucubraciones y patrañas de su mente bífida se habían transmutado a su pesar en verdades macizas.

Desde entonces, en el sosiego ininterrumpido de su tumba mexicana, Jerónimo de Aguilar puede lanzarse a su empresa y armar el brazo de Guerrero, como el don Julián de la leyenda armó los de Tarik y Muza. La división, la envidia, el odio interétnico que facilitaron la conquista de México son los que devastan igualmente a España. Guerrero, el vengador, tiene que poner en práctica el plan que de común acuerdo forjaron: el triunfo del mundo indio sobre el europeo. Él, sepultado en el fondo del lago de Tenochtitlan, tendrá todo el tiempo del mundo para narrar la hazaña.

Armar barcos, ordenar palabras: Aguilar y Guerrero, los dos náufragos acogidos a la hospitalidad de los mayas, pergeñarán al alimón el texto que tenemos entre manos, se apoyarán, sostendrán, exhortarán, en inteligencia compartida, para alcanzar la meta definitiva: «devolver a nuestra tierra española de origen el tiempo, la belleza, el candor y la humanidad que encontramos entre estos indios.» A la Reconquista de la Península y Conquista de

América replicarán con la Contraconquista fabulosa de la España forjada en 1492 por «unos mayas pobres y limpios, dueños tan sólo de sus palabras». Como los grandes poetas, Aguilar «convertirá en posibilidades de discurso las imposibilidades del referente», según la conocida expresión de los formalistas rusos. Guiados por Guerrero y alentados por él desde la tumba, los indios talarán bosques, serrarán planchas, fabricarán utensilios y levantarán los armazones de su escuadra. Conquista al revés que, como la vuelta atrás de la cinta de un videocasete, *desengendra la hazaña que hoy celebramos:* «Desembarcamos en Cádiz en medio del asombro más absoluto, la respuesta (ya lo habéis adivinado) fue la misma que la de los indios de México, es decir, la sorpresa... Cayeron los templos, de Cádiz a Sevilla; las insignias, las torres, los trofeos. Y el día siguiente de la derrota, con las piedras de la Giralda, comenzamos a edificar el templo de las cuatro religiones, inscrito con el verbo de Cristo, Mahoma, Abraham y Quetzalcóatl.»

Lo que pudo ser y no fue, lo que no pudo ser y ha sido resultan quizás especulaciones ociosas para el historiador. Pero no lo son desde luego para el novelista, cuyo campo de maniobras se extiende más allá de lo real y ocupa los territorios fecundos del sueño, imaginación, fantasías. Jerónimo de Aguilar, el

muerto, revive con la palabra. El pueblo inde-
fenso que ama sale de su postración e impone
una ley más justa al que lo ha vencido. Nada
es irreversible en su crónica y, si hacer que lo
que ha existido no exista es un imposible para
Dios —idea que, como sabemos, atormenta-
ba a Kierkegaard—, no lo es para el poeta ni
el novelista. La verdad de la ficción nace de la
mentira y encarna una realidad configurada
por leyes autónomas: las de la literatura.

Jerónimo de Aguilar, al margen y a
redropelo de las conmemoraciones del Quinto Centenario, puede recuperar en su crónica
el universo permeable, complejo y fértil en el
que vivieron sus antepasados y «frustrar el fa-
tal designio purificador de los Reyes Católicos». Su visión comprensiva, asimiladora, de
los vencidos por el credo nacional católico que
enmudeció a la España de los pasados siglos,
se transforma en una propuesta utópica que,
al invertir los papeles desempeñados en la
realidad, exhuma las responsabilidades históricas en las que incurrimos. Lo que hicimos a
los otros, nos sugiere, nos lo podrían haber
hecho a su vez ellos de haber sido distinto el
rumbo de la historia y el resultado —tal vez
más llevadero que el mundo que les impusi-
mos— habría sido el mismo. La ficción histórica de Aguilar, como la elaborada a ciencia y
conciencia por Miguel de Luna, el traductor

árabe de Felipe II, a fin de enturbiar con sus patrañas las presuntas razones de Estado que exigían la expulsión de los moriscos[*], se tiñe de este modo de una coloración ética: es una condena sin paliativos del exclusivismo etnocida, una invitación implícita a la comprensión y solidaridad entre los pueblos.

¿Cómo interpretar párrafos como el que sigue sino a la luz de una ética de relativismo histórico y el deber de asimilar las lecciones del pasado para que no se repitan en el futuro: «Viejos judíos, viejos musulmanes y ahora viejos mayas, abrazamos a cristianos viejos y nuevos, y si algunos conventos, y sus inquilinas, fueron violados, el resultado, al cabo, fue un mestizaje acrecentado, indio y español, pero también árabe y judío, que en pocos años cruzó los Pirineos y se desparramó por toda Europa... La pigmentación del viejo continente se hizo enseguida más oscura, como ya lo era la España levantina y árabe»?

Un relato tan preciso y elaborado como el de Fuentes no podía silenciar dos elementos capitales del proceso de su construcción: su estructura y su lengua. No lo olvidemos: desde Cervantes, y yo diría aún, desde Juan Ruiz y Delicado, ningún texto literario de enjundia

---

[*] Francisco Márquez Villanueva, *El problema morisco,* Colección Al quibla, Ed. Libertarias, Madrid, 1991.

deja de procurarnos informes acerca de una y otra, hasta el punto de que la historia narrada en algunos de ellos —pensemos en la Segunda Parte del *Quijote* o *Tristram Shandy*— es a fin de cuentas la historia de su propia creación.

¿Por qué leemos esta historia en la lengua española de Cortés «y no en la lengua maya que doña Marina debió olvidar o en la lengua mexicana que yo debí aprender?» nos pregunta Aguilar a sus lectores. Su respuesta, que a continuación transcribo —«La lengua española ya había aprendido, antes, a hablar en griego, latín, árabe y hebreo; estaba lista para recibir, ahora, los aportes mayas y aztecas, para enriquecerse con ellos, enriquecerlos, darles flexibilidad, imaginación, comunicabilidad y escritura, convirtiéndolas a todas en lenguas vivas, no lenguas de imperios, sino de los hombres y sus encuentros, contagios, sueños y pesadillas...»—, es un brillante alegato en favor de la ósmosis, intercambio y mestizaje de las culturas en los antípodas del esencialismo, pureza étnica y repliegues comunitarios —a menudo verdaderas incrustaciones de fósiles— que, hoy como ayer, conduce a una desertización cultural y exclusión social y política. Seamos claros: no existen culturas homogéneas, incontaminadas, libres de todo roce contaminador con lo ajeno. Al contrario, cuanto mayor sea su apertura y contacto con

el exterior mayores serán su vitalidad y energía.
La cultura española forjada entre los siglos XII
y XV fue desarbolada de manera sistemática
por la obsesión antijudaica y el dogmatismo
de la mal llamada reforma tridentina: en 1680,
la vida intelectual y literaria hispana aparecía
a los ojos de los forasteros tan yerma y enjuta
como su Meseta, un asolado y patético erial.
Desembarazada de judaizantes, moriscos, erasmistas, místicos, protestantes —en suma, de
quienes eran capaces de pensar por su cuenta—, había alcanzado la perfección del vacío.
La lengua castellana, como nos recuerda Aguilar,
fue el fruto de mezclas y aportes sucesivos. Sin
formularlo de modo explícito, el cronista,
desde su tumba, parece advertirnos: la cultura de un país no es sino la suma global de las
influencias que ha recibido. Encastillada en sí
misma desmedra, como desmedró la española
durante el hoy olvidado período de sus largas
vacaciones históricas. ¿Cómo conmemorar en efecto
la España ensimismada y fantasmal magistralmente descrita por Sarrailh y Blanco White sin
escarbar en los errores y tropelías de nuestro
pasado ni recobrar la hiriente memoria de lo
que fuimos?

Fuentes remata esta obra breve, pero
sustanciosa, capaz de conciliar virtuosismo y
sencillez, con una significativa referencia a la
fábrica del libro:

«La forma de este relato, que es una cuenta al revés, ha sido identificada demasiadas veces con explosiones mortales, vencimientos de un contendiente, u ocurrencias apocalípticas. Me gusta emplearla hoy, partiendo de diez para llegar a cero, a fin de indicar, en vez, un perpetuo reinicio de historias perpetuamente inacabadas, pero sólo a condición de que las presida, como en el cuento maya de los Dioses del Cielo y de la Tierra, la palabra.»

Como los grandes maestros en los que se inspira —este linaje que todos los creadores debemos forjarnos so pena de perecer en el *prêt-à-porter* de la moda y la tentadora superficialidad consumista—, Fuentes confirma su genuina filiación con Cervantes: la forma del relato es el elemento principal del contenido del relato; su historia, la de una realidad invertida por las astucias y artimañas del cronista.

(1993)

Historial de una lectura

Cada uno de los relatos integrantes de *El naranjo o los círculos del tiempo* tiene su historial y con él, al menos en lo que a mí respecta, una lectura y una leyenda sumamente personales.

Vayamos al comienzo. En marzo del pasado año, Carlos Fuentes me envió un ejemplar de *Las dos orillas*, con una generosa dedicatoria. Lo leí de una asentada y la trama y estructura del texto me sedujeron de tal modo que, apenas concluida la obligada relectura, compuse un ensayo sobre él con el propósito de leerlo en el cursillo de verano de El Escorial consagrado a la obra de Fuentes. Daba por supuesto que el relato sería publicado en primavera y los asistentes al cursillo lo habrían leído o tenido la posibilidad de acceder a él.

Al llegar a El Escorial, me encontré con una doble sorpresa: primero, *Las dos orillas* no había sido editado aún; la segunda, no se trataba, como yo creía, de una narración aislada: formaba parte de un conjunto de cinco relatos titulado *El naranjo o los círculos del tiempo*, que hoy tengo el honor de presentarles. Me sentí, en verdad, atrapado por los dedos.

¿Cómo hablar, en efecto, a los asistentes al cursillo de un libro aún inédito y, por consiguiente, ignorado por ellos? Únicamente Carlos y yo lo conocíamos y no podía, en consecuencia, dirigirme en exclusiva a él.

Decidí recurrir a la enseñanza de Borges o, si lo prefieren, al «placer de las imaginaciones inverosímiles» reivindicado hace más de siglo y medio por nuestro paisano Blanco White. Por un azar desastroso —naufragio, incendio, abordaje de piratas o algo mucho más común y prosaico como el extravío de una maleta en Barajas—, el manuscrito original de *Las dos orillas* se habría perdido para siempre: ni su autor ni yo, con lamentable imprudencia y descuido, habríamos conservado una copia de él. De la bella y audaz incursión literaria de Fuentes no quedaría sino mi comentario: el texto leído en El Escorial.

Imaginé entonces, uno o varios siglos más tarde —en cualquier caso, cuando todos los presentes estemos criando malvas—, un coloquio de estudiosos de la obra de Fuentes. Uno de los temas propuestos por alguno de los ponentes sería precisamente la reconstitución del original de la obra extraviada a partir de mi reseña de la misma, puesto que había en ésta suficientes elementos para inducir su contextura y trama argumental. Del dicho al hecho: un equipo de estudiosos elaboraría colectivamente, con ayuda de mis balizas indicativas, el desaparecido original de la obra. Tras varios meses de esfuerzos, discusiones, confrontación de puntos de vista, los responsables de la empresa darían el visto bueno. Como esos arquitectos —arqueólogos que, a partir de las ruinas de un templo y, gracias a su conocimiento de los recursos materiales de la época, finalidad de la obra y estilo personal del autor, lo reconstituyen piedra a piedra con escrupulosa fidelidad—, los escribanos de *Las dos orillas* presentarían con orgullo la obra rehecha. Los lectores y críticos de Carlos Fuentes concluirían que el trabajo era excelente y se ajustaba a todas luces al desvanecido original.

Lance de teatro: inmediatamente después de la publicación del texto rehecho, un erudito descubre en una maleta guardada en el armario de un presbiterio extremeño, un manuscrito mecanografiado anónimo titulado *Las dos orillas*. La conmoción es inmensa. Críticos y estudiosos se precipitan a leerlo: ¡el relato coincide en líneas generales con el que acaban de recomponer! Inmediata división de opiniones: unos deciden que el manuscrito hallado en la maleta es el auténtico; otros —los elaboradores minuciosos del reconstituido— creen detectar la presencia de elementos foráneos y añadidos, obra de un imitador o copista que tuvo de algún modo acceso al original. La discusión se envenena: las cañas se vuelven lanzas. Sólo una solución: convocar un simposio mundial de especialistas en Fuentes para decidir acerca de la espinosa cuestión de la autenticidad de los dos textos. Meses o años después —ha habido disputas en cuanto a la composición del comité decisorio y los procedimientos de votación—, el congreso se reúne. Desde el comienzo, la divergencia radical de opiniones hace temer su fracaso: una mayoría autocalificada inmediatamente de ortodoxa y una minoría tildada por aquélla de herética se enfrentan primero con cortesía, luego con acrimonia. Una posible solución de compromiso apunta al cabo de un tiempo: la elaboración por dos comisiones de los bandos enfrentados de una obra de síntesis, de un tercer texto. Detengo mi cuento ahí.

¿No resume acaso esta parábola del *jardín de los textos que se bifurcan* la relación siempre confusa entre literatura y realidad? Voy más allá: ¿no se compone también lo que llamamos historia de la perpetua reelaboración de documentos, manuscritos, leyendas y crónicas en las que todo investigador trabaja siempre sobre la mole ingente de lo escrito sobre los acontecimientos y no sobre los acontecimientos mismos? Evoquemos aún el caso referido por Platón: la impotencia del juez en dictaminar la verdad de lo acaecido entre dos personas, sin presencia de testigos o testigos fiables: lo que cuenta en tal caso, dice, no es la verdad imposible de establecer, sino el poder de convicción y verosimilitud del relato de los contendientes.

Quien ganará el pleito no será así el justo, sino el dotado de mayor capacidad expresiva, de mayor fuerza de persuasión. Carlos Fuentes es plenamente consciente de ello y pone los textos históricos al servicio de lo real posible, los convierte en instrumentos de su *bien documentada imaginación*. Ya sea en el contradescubrimiento y conquista de España por los mayas a las órdenes de Gonzalo de Guerrero, el hermoso diálogo de los dos hermanos, criollo y mestizo, vástagos de Hernán Cortés, la orquestada polifonía de las Dos Numancias o el diario del marinero genovés, la imaginación reescribe la historia y se impone a ella. Es la victoria de la palabra.

Mientras completaba la lectura de *El naranjo o los círculos del tiempo* a dos pasos del palacio de Diocleciano en Split o Spoleto —uno de los *locus* esenciales de la topografía literaria de Fuentes— o acompañado del silbido de las balas y chupinazo de obuses en el asediado Sarajevo, algunas frases del libro me conmovieron: hablando de Numancia, resumían el drama que estaba viviendo. «Sólo dañamos a los demás cuando somos incapaces de imaginarlos», escribe Fuentes. Los europeos hemos carecido siempre de esta imaginación: en los últimos siglos sometimos al universo entero a nuestro dominio sin reparar en los destrozos que ocasionábamos porque únicamente existíamos nosotros y no podíamos imaginar a los demás. Hoy, los mediocres poetas, novelistas e historiadores exaltadores de su mítica idiosincrasia y negadores de la ajena, que triunfan en los despojos de la extinta federación Yugoslava, nos demuestran a diario cómo esta falta de imaginación desemboca en los horrores de la llamada *purificación étnica*.

Pero volvamos al ámbito literario y cedamos la palabra al coro de mujeres de Numancia cuya tenue voz capta Fuentes:

«Los hombres que quedan vivos gritan de dolor: por la muerte de sus hermanos, por el horror de nuestra hambre. Nosotras les hablamos. Al hablarles les recordamos que no hemos perdido la palabra. La tierra y la palabra. Esto nos sostiene (...). Nosotras lloramos la desaparición de la ciudad. Aceptamos que el mundo muera. Pero también esperamos que el tiempo triunfe sobre la muerte gracias al viento, la luz y las estaciones perdurables. No veremos los frutos de este árbol. Pero los verán la luz, las estaciones, el viento. El mundo muere. La tierra se transforma. ¿Por qué? Porque nosotras lo decidimos. Porque no perdemos la palabra. Se la heredamos a la luz, el viento y las estaciones. El mundo nos reveló. La tierra nos ocultó. Volvimos a ella. Desaparecimos del mundo. Regresamos a la tierra. De allí saldremos a espantar.»

¿Qué mejor título a la obra, qué mejor título al contexto de su lectura que el escogido por Fuentes?

¡Vivimos atrapados en *Los círculos del tiempo!*

(1993)

El poeta enterrado en Larache

«Es preocupación más o menos consciente de todo hombre el proponer una imagen de sí mismo y difundirla a distancia y después de la muerte, de manera que ejerza un poder —o más bien una irradiación sin otra fuerza, a la vez muy suave, poderosa y blanda: esta imagen despegada del hombre, o del grupo, o del acto, que lleva a decir que son ejemplares.»

JEAN GENET, *Un cautivo enamorado*

Seis años después de su muerte y la publicación póstuma de su obra más arriscada y bella, la figura y empresa literaria de Genet suscitan aún enconada polémica: permanecen vivas. La virulencia de algunos ataques muestra que su provocación personal y el radicalismo moral y estético que configuran sus libros han dado en el *blanco*. Quienes se escandalizan de ellos, arropados en el manto de virtud del Bien Decir y el Pensamiento Correcto, son precisamente sus destinatarios directos: los enemigos declarados. Así, la hipocresía, convencionalismo y estreñimiento de los que al-

gunos críticos hacen gala se insertan armonio-
samente en su escritura como las voces de esos
oficiales, jueces, damas y eclesiásticos que se
expresan en *Las criadas, El balcón* o *Los negros*.
Si algún geniecillo malévolo sustituyese las
aseveraciones o réplicas de aquéllos con párrafos extraídos del *press-book* de *El cautivo enamorado* o *L'ennemi déclaré* probablemente nadie lo
advertiría. Genet cede cortésmente la palabra
trivial a sus adversarios en el interior de su propio ámbito: les invita a subir a la escena.

Pero más allá de la palabrería inane, destinada a ser pasto de la curiosidad erudita, una
imagen tal vez diferente de aquellas deseadas o
buscadas inconscientemente por el poeta en
distintos periodos de su vida comienza a cobrar
forma y precisarse paulatinamente como en el
revelado de una placa o película. Dicha imagen
fija, definitiva, del hombre y el artista, inalcanzable antes de que abandonemos el universo
craso para introducirnos en el de la ausencia, se
hace visible a partir de la nada, desde las sombras y el reino de la sutileza.

En el coloquio consagrado a Genet con
motivo de la reposición de *El balcón* en el Gran
Teatro del Odeón de París, aludí a la sugestión
paradójica que había creado al desaparecer del
mundo y entrar en la historia: hablar, en efecto,
de la *gracia* y *condena* que significó su conocimiento para quienes le frecuentaron nos remite

al empleo de un vocabulario religioso en los antípodas de su ateísmo. ¿Cómo conciliar esa gracia y la santidad a la que me referiré luego con el racionalismo cartesiano que, bajo las ilusiones y trampantojos de su teatro y escritura poética, vertebra su concepción rigurosamente igualitaria del ser humano? La idea del filósofo de separar las ciencias cognoscibles de aquellas que abarcan otras zonas del hombre (las de la ética, sociedad, visión metafísica, etcétera), le conducía a rechazar las diferencias fundadas en el color de la piel, el sexo, la tradición cultural y religiosa, etcétera, como incongruentes en el área de la razón natural humana: no existen en verdad mentes negras ni matemáticas católicas. Tal concepción, subyacente a sus juegos de espejos y escenificación del gran teatro del mundo, eliminaba la idea de trascendencia y ponía a todas las religiones en el mismo saco. No obstante, la lectura de sus obras trasluce la busca de una ejemplaridad *inmoral* fraguada en la apología de acciones y valores reprobados, universalmente objeto de censura. Al Genet racionalista, implacable demoledor de los principios y tabúes en los que se asienta la sociedad burguesa, se añade así otro Genet, cuya vida y obra pueden interpretarse como una conquista sinuosa, llena de revueltas y quiebros, de una forma sutil de ejemplaridad: modelo a primera vista negativo, pero que alcanza tal vez su dimensión auténtica si lo examinamos a la luz de otras vías de perfección secreta que florecieron hace más de diez siglos en el espacio cultural del islam.

Cuando describía en mi novela *Paisajes después de la batalla* el ideal literario y humano del excéntrico escriba enclaustrado en el barrio parisiense del Sentier, quedaba bien claro para cualquier lector familiarizado con mi trabajo que me refería a Genet:

«Un hombre que rehúye la vanidad, desprecia las reglas y formas exteriores de conveniencia, no busca discípulos, no tolera alabanzas. Sus cualidades son recatadas y ocultas y, para velarlas y volverlas aún más secretas, se refocila en la práctica de lo despreciable e indigno: así, no sólo concita la reprobación de los suyos sino que provoca su ostracismo y condena.»

El desdén y el rechazo de la simpatía o admiración ajenas, la indiferencia a la opinión del «solitario en la multitud», como definía Ibn Arabi al *malamatí,* nos dan una de las claves primordiales de la vida de Genet durante sus últimas décadas. Los adeptos a la *malamía* —término derivado de *malama* o censura— evitaban cualquier manifestación de piedad y exhibían al contrario una conducta reprensible a ojos del prójimo, a fin de disimular al mundo su estado místico y piedad recóndita. Por las mismas razones, rehusaban distinguirse de los demás en sus virtudes y preferían ser mirados por encima del hombro y tratados con condescendencia. Xalal-ud-din-Rumi, el sabio y poeta fundador de la orden de los derviches giróvagos, se sometió humildemente a la prueba de su amigo y mentor Shams Tabrizi de comprar una redoma de vino en el zoco más concurrido de su barrio para domeñar el orgullo y suscitar voluntariamente el escándalo. Antes que él, un *malamatí* del admirable sufismo persa aconsejaba a uno de los suyos: «oculta tus actos meritorios como otros ocultan sus malas acciones». El comportamiento extravagante de algunos *santos populares* del Magreb —descuido de las prescripciones rituales, embriaguez pública, sodomía, etcétera— formaba parte de esa provocación al fariseísmo de las *buenas conciencias* en la que acrisolaban su propia virtud encubierta. «Si tienes el medio de ponerte en una situación que te convierta en sospechoso de robo, decía Bishr Ben Al Mariz Al Hafi, haz todo lo posible para meterte en ella.» A pesar de sus excesos y dislates, Ibn Arabi situaba a los *malamatís* en la esfera más alta de la santidad.

Las convergencias del bardo del robo, traición y homosexualidad con los sufíes adictos a la *malama* son misteriosas pero innegables. Aunque sería anacrónico y falso atribuir a un escritor del fuste de Genet la fe y misticismo de los *malamatís,* hallamos entre uno y otros demasiados puntos de contacto como para que podamos ignorarlos. Quienes hemos vivido algún tiempo cerca de él y gozado del privilegio de observarle podríamos escribir un libro entero sobre sus actos de deslealtad, cóleras súbitas, desafectos inexplicables, palabras incumplidas: su violencia provocadora contra todos los poderes y símbolos opresivos le convertía desde luego en el *repoussoir* ideal de la sociedad en la que vivía. Pero además de esos hechos y anécdotas que integran ya su leyenda, pudimos descubrirle, cuando se descuidaba y bajaba la guardia, algunos momentos exquisitos de santidad: santo por distracción, como varios *malamatís* célebres, cuando soportaba heroicamente el cansancio y el dolor físico al servicio de los débiles y perseguidos y, olvidando su elogio de la traición, mostraba una fidelidad inesperada y conmovedora en las horas más duras de una ordalía o prueba. Inútil decir que dichos momentos, cuidadosamente celados a la vista del público como celamos los demás nuestra cobardía y acciones ruines, suscitaban más tarde una reacción, a veces airada, contra sus testigos, como si, sorprendido in fraganti en una acción condenable, quisiera vengarse de su negligencia y de quienes quizá podrían dar cuenta de ella.

¿Eran esfuerzos suyos para componer la imagen que quería propagar, sustituir incluso a sí mismo? ¿Buscaba, como dice en una de las más bellas páginas de su obra póstuma, se equivocaba, esbozaba aberraciones y monstruos inviables, imágenes que habría tenido que desgarrar si no se hubiesen deshecho por sí solas? Su voluntad de desafiar hasta el fin la hipocresía de los bienpensantes vindicando con orgullo lo execrable y nefando, ¿le imponía la necesidad de borrar del cuadro cuantos elementos contradecían su reputación infamante? ¿Fue ese «comediante y mártir» del libro amazacotado de Sartre, al acecho del *acto definitivo* que le precipitaría en la nada, pero aguijaría al mismo tiempo la imaginación colectiva, si no como los héroes, profetas y santos al menos como los grandes asesinos o los personajes perversos de Sade? Nunca lo podremos saber.

Lo que podemos comprobar con todo desde la otra orilla —desde el Magreb en donde escribo estas líneas— es el hecho de que la imagen forjada desde su salto a la fama —presente aún en la repulsa de los intelectuales conformistas, intermediarios culturales y el gran rebaño nacional de sus paisanos— tiende a esfumarse y ser suplantada por otra, sugestiva y poética. El *nesrani* o europeo enterrado en el viejo cementerio español de Larache, defensor de los oprimidos y amigo de la causa palestina, repatriado casi a escondidas a Marruecos como uno de los tantos obreros emigrados muertos en Europa, tiene ya muy poco que ver con el que conocieron Cocteau y Sartre y fue piedra de escándalo en los medios literarios de París. La imagen que tal vez quiso crear de sí se ha empañado hasta casi desdibujarse y la que lentamente emerge de la placa o película sorprendería sin duda al interesado.

La sencilla sepultura del poeta, a pocos metros de un acantilado en el que se estrellan sin tregua las olas impulsadas por las corrientes marinas, contrasta por su pulcritud y atenciones que la rodean con las de sus más antiguos e indeseables vecinos, miembros por lo general de la casta militar africanista hispana, idéntica a la que parodió en algunas escenas inolvidables de *Los biombos* y con la que reñiría día y noche —¡imagino sus arrebatos de cólera!— de hallarse en vida. Manos anónimas depositan ramos de flores, riegan el césped que la ciñe, se apoderan incluso de su epitafio como una reliquia o recuerdo piadoso. Marroquíes y europeos vienen a recogerse junto a ella y la envuelven en una aureola de respeto, casi de santidad.

Aunque la *ualaya* o santidad en el islam se remonta como es sabido a los primeros siglos de la Hégira, no obedece a un escrutinio y reglamentación estrictos —aun en sus aberraciones— como los impuestos por la Iglesia de Roma. Los «amigos de Dios» son escogidos libremente por el pueblo, y su santidad, ganada en vida o después de la muerte, es a menudo aleatoria y frágil. Personajes que gozaron durante un tiempo de la devoción de los fieles han caído más tarde en el olvido y sus ermitas abandonadas y en ruina testifican de forma patética la pérdida irremediable de su baraca. Otros, en cambio, convocan a centenares o miles de personas en torno a las zagüias fundadas por ellos o sus sucesores con motivo de una romería o en determinadas festividades del calendario islámico. En Marruecos, algunos de ellos son hebreos y reciben la *ziara* o visita tanto de judíos como de musulmanes. Aunque el sunismo oficial condena esas expresiones híbridas de religiosidad, se ve obligado a transigir con ellas después del fracaso histórico del movimiento reformista de la *salafía*.

¿Se convertirá Genet con los años en uno de esos *santos populares* a quienes los romeros, tras anudar las cintas de sus exvotos en los árboles cercanos a su tumba, colman de humildes presentes y solicitan favores? El hecho no tendría nada de extraordinario si la imantación de la imagen definitiva creada por su muerte se concreta y mantiene. Si uno de los *santos* de la región de Marraquech fue un soldado francés de la tropa de Lyautey que, enamorado del carbonero de un pueblo, permaneció con él hasta la muerte tras abrazar el islam y su sepulcro recibe actualmente la visita de algunas mujeres, a las que concede la fertilidad, ¿no brinda acaso la figura del ex poeta maldito méritos y virtudes, no por recatados y ocultos menos atractivos y concluyentes? La fascinación ejercida por ese *solitario del mundo* ha escapado a sus manos y puede adoptar formas imprevistas en el campo de la leyenda. ¿Quién sabe si su deseo de alcanzar el dominio de lo «fabuloso, en grande o pequeña escala», no se cumple ya: «Llegar a ser un héroe epónimo, proyectado en el mundo, esto es, ejemplar y, por consiguiente único, porque procede de la evidencia y no del poder»?

(1992)

¿Un mundo sin contemplativos ni poetas?

La escasísima atención de la crítica periodística y tras ella de los autores en boga suscitada por una obra de la enjundia y riqueza de *Oppiano Licario* desde su publicación hace una decena de años es el mejor indicativo de la pereza, incompetencia y ruindad de quienes en la comunidad cultural de habla hispana asumen con descaro el papel de intermediarios o guías ilustrados entre el creador y su público. Si exceptuamos la notable introducción de Severo Sarduy a la edición francesa del libro y media docena de ensayos aparecidos en Latinoamérica*, el silencio incómodo que ha envuelto la novela póstuma de Lezama Lima muestra con luz cruda la inconsistencia extrema de un campo crítico autónomo o, a decirlo más bien, la existencia de un vacío cultural en razón del cual la literatura destinada a perdurar permanece entre nosotros,

---

* Véase igualmente la edición crítica de la obra, publicada por Cátedra. Existe asimismo una excelente bibliografía en el ámbito universitario. Vedada ¡ay! al lector común y corriente.

como siglos atrás —piénsese en el ejemplo de *La lozana andaluza,* el *Cántico espiritual* o la obra de Blanco White— en un estado de hibernación, a la espera del momento en que una afortunada conjunción astral o un ramalazo histórico la saquen de la alacena o congelador en donde dormita.

La difusión internacional de una serie de estudios de autores conocidos como Cortázar o Vargas Llosa —agregada al escándalo suscitado por la lectura del célebre capítulo VIII— salvó a *Paradiso* del majestuoso panteón fúnebre en el que los responsables culturales cubanos pretendían celarlo. Pero *Oppiano Licario* no ha gozado de tal privilegio. Digamos de entrada que el hecho no debe sorprendernos: Lezama Lima nunca tuvo en cuenta la idea de vender sus libros y escribía con la absoluta independencia espiritual que procura dicha actitud sabia y pesimista. La indiferencia del público a la alta literatura se repite a lo largo de la historia, pero la tardanza o dificultad en asimilar la belleza o invención se compensan en otras latitudes con el empeño de unos pocos espíritus —sensibles al fulgor de la palabra y el significado de la aventura creadora— por rescatar aquellos textos que preservan la herencia luminosa gracias a la cual existimos. En el ámbito hispano no ocurre así y *Oppiano Licario* vegeta, para vergüenza nuestra, en una especie de limbo. La vacuidad y burbujeo de la vida literaria moderna no favorecen la comprensión de poetas y contemplativos del fuste de Lezama. Su obra no obstante es indispensable y no podemos calar en ella sin descifrar en su textura una nueva y más iluminadora visión del mundo.

Penetrar en *Oppiano Licario* es una auténtica empresa: el lector habitual de novelas debe despojarse de antemano de todos sus hábitos y comodidades. Personajes, acción, diálogos realistas se disuelven como sal en el agua ante el portentoso despliegue de la escritura lezamiana, acelerado por la irrupción fulgurante de imágenes o asociaciones de ideas tocadas por una gracia única —fruto a la vez de la genial inspiración del artista y la tenacidad humilde del artesano. Lezama sabe, claro está, que «las excepciones o prodigios forman parte de la verdadera causalidad» y que «la imagen es un cuerpo que se desprende de lo estelar a lo telúrico». La urdimbre y trama del libro se tejen así ante nosotros como una insólita combinación de motivos y temas sutilmente enlazados. Una sola página de *Oppiano Licario* contiene mayor incentivo literario que la suma total de una treintena de novelas ordinarias plebiscitadas por el público. Las convenciones de la narrativa tradicional son escamoteadas o parodiadas al extremo y aparecen ex profeso como el zurcido de un hilo burdo en un paño de calidad exquisita. Los acontecimientos que serían importantes para otro novelista son despachados en un par de líneas como viruta de carpintero. Las metáforas se encadenan y arrastran unas a otras como racimos de cerezas. Estamos ante una prosa viva, llena de sorpresas, capaz de unir los extremos y reconciliar lo opuesto. Los pormenores más nimios adquieren en cambio un inesperado y suntuoso realce. Lezama Lima recrea el universo mediante sus audaces imágenes y nos lo ofrece de súbito con toda su grandeza y luminosidad. Su peculiar metafísica o poética de la naturaleza nos restituye la dimensión simbólica de ésta, cruelmente destruida por la ciencia moderna. Como los grandes poetas contemplativos de otros siglos, Lezama ha sabido encontrar la armonía del espíritu humano y el universo a través del fuego e incandescencia del Verbo. El ámbito simbólico en el que se mueven sus personajes se sitúa en los antípodas del realismo chato que, al desechar el poder de la imaginación y los sueños, mutila y empobrece la realidad. Sólo quien aspira a trascender lo humano, parece decirnos, alcanza la dignidad de los humanos; el que se contenta con ser humano cae en la infrahumanidad.

Contagiados de su simbología, saber enciclopédico, dones adivinatorios, alquimia poética, los héroes de *Oppiano Licario* discurren o hablan con la misma felicidad expresiva que su creador. Cualquier suceso, acción o palabra se revisten de un aura que los magnifica y trasciende. El soplo germinativo del poeta anima la inerte materia y aglutina sus elementos dispersos en el relámpago glorioso de su visión.

El mundo en el que vivimos necesita desesperadamente para subsistir de la existencia de contemplativos y poetas como Lezama Lima. Lejos de vivir de espaldas a su tiempo, como le acusaban sus críticos, el autor de *Paradiso* se situó en el núcleo del mismo y supo captar mejor que los politólogos y escritores *comprometidos* el drama al que actualmente nos enfrentamos: el de la modernidad incontrolada que inexorablemente conduce a la agonía de nuestro planeta. Escuchemos y aprendamos de memoria estas palabras premonitorias, cuya nobleza y hondura enlazan a través de los siglos con las de Ibn Arabi y Suhrawardi:

«Así como hubo una época en que los príncipes y la nobleza se convirtieron en los defensores de los derechos obreros, nosotros, que nos habían sido otorgados los dones de la transparencia, sentimos el deseo de que las legiones del pueblo llegaran a adquirir esos inmensos dominios donde la muerte no se diferenciaba de la vida y donde toda interrupción, todo fracaso, toda vacilación quedará suprimida, pues la luz y lo sumergido, los envíos de lo estelar y la devolución de lo sumergido, deberían haber alcanzado en nuestra época, habiéndole dejado vergonzantemente esos dominios a los físicos, una identidad prodigiosa. Si nuestra época ha alcanzado una interminable fuerza de destrucción, hay que hacer la revolución que cree una indeterminable fuerza de creación, que fortalezca los recuerdos, que precise los sueños, que corporice las imágenes, que le dé el mejor trato a los muertos, que le dé a los efímeros una suntuosa lectura de su transparencia, permitiéndoles a los vivientes una navegación segura y corriente por ese tenebrario.»

¿Cabe una mejor respuesta de la poesía al fundamentalismo de la tecnociencia y a ese nuevo orden mundial que atrofia el espíritu, destruye la biosfera, saquea los recursos limitados del orbe, perfecciona las armas mortíferas y oprime a continentes enteros con la insignificancia asoladora de su presunta *estatura moral?*

(1992)

Caído en el campo del honor

En marzo de 1983, de paso por Nueva York, visité a Néstor Almendros en su apartamento de Broadway. Al poco de llegar apareció Reinaldo Arenas, y Néstor nos fotografió a los dos en su terraza, de espaldas al Empire State Building, que, precisamente aquel día, conmemoraba el cincuentenario de *King Kong* (¡tan merecido y menos engorroso que el del V Centenario de la hazaña de Colón!). Un enorme gorila de plástico se abrazaba a la punta del rascacielos zarandeado por el viento como una manga de aire. Media hora después se deshinchó y rompió. Pero la cámara de Néstor captó el instante: Reinaldo Arenas y yo sobre un fondo de bruma neoyorquina presidido por la majestad e irradiación de *King Kong*.

Fue la primera y la única vez que vi a Reinaldo Arenas. Conocía alguno de sus libros, y la lectura de *El mundo alucinante* y *Arturo, la estrella más brillante* me convenció enseguida de que se trataba de uno de los grandes escritores en castellano, miembro por derecho de ese soberbio quinteto de novelistas cubanos —con Lezama, Carpentier, Cabrera Infante y Sarduy— absolutamente irrepetible y único. Ni México, ni Argentina, ni desde luego España pueden vanagloriarse de haber poseído a la vez en este siglo cinco escritores de tal fuste y talla (no incluyo entre ellos a Virgilio Piñera, pues su enorme talento literario se manifestó sobre todo en el relato breve y en el teatro).

Arturo, la estrella más brillante me pareció uno de los textos más bellos, precisos y conmovedores sobre el horror y heroísmo de la condición humana: una pequeña obra maestra. Creo que manifesté mi entusiasmo por él en una reseña publicada en *El País,* pero fui el único o casi el único en hacerlo. Reinaldo había sido catalogado de una vez para siempre como *disidente cubano,* y su obra, englobada en la nebulosa de autores testimoniales desafectos a un régimen que contaba y cuenta aún con numerosos defensores estratégicamente situados en los medios informativos de España e Hispanoamérica. Su creación literaria era despachada de ordinario en unas pocas líneas: escritor anticastrista, refugiado en Estados Unidos, un *marielito* más. La riqueza y fulgor de su prosa, su extraordinaria capacidad sugestiva, la violencia genésica que la fundaba pasaban inadvertidas a quienes lo habían clasificado o, por mejor decir, desclasificado en sus manuales de literaria entomología. Cuando se suicidó, en diciembre de 1990, la noticia no mereció sino una escueta columna en la sección cultural de nuestro principal órgano informativo.

Reinaldo Arenas molestaba: como su amigo Virgilio Piñera, había descubierto muy pronto la triple maldición que significaba en Cuba —y fuera de ella— el ser pobre, homosexual y escritor. Su rebeldía instintiva le condenaba a enfrentarse a la masa informe, enmascarada e hipócrita de los bienpensantes: los loros y periquitos portavoces de la verdad y el pensamiento correcto. Por amigos comunes me había enterado, primero, de sus *dificultades* a raíz de la publicación no autorizada en el extranjero de *El mundo alucinante* —pese a que la novela había obtenido una primera mención en el concurso de la UNEAC—; luego, de su aislamiento y castigo durante la feroz campaña de persecución de homosexuales y campos de la UMAP; por fin, de su salida de Cuba, en los de *Mariel,* en 1980. No dudaba que las escenas descritas en *Arturo, la estrella más brillante* formaban parte de su experiencia en aquel infierno —y a veces fugaz paraíso— de *locas.* Pero no podía ni sospechar lo que había sido su vida en los últimos años que permaneció en Cuba. Ningún escritor contemporáneo ha atravesado situaciones más duras, en condiciones de acoso y miseria, que Reinaldo Arenas. Su martirio, como homosexual y escritor, no puede dejar indiferente a nadie.

Antes que anochezca, la autobiografía escrita durante su enfermedad y completada a duras penas en la fase terminal del sida, nos ilustra de manera sobrecogedora sobre el cáliz y falo que apuró hasta la hez. El texto, digámoslo de entrada, presenta desniveles, peca de desigual: junto a las partes escritas por Arenas con su jubilosa pasión por el verbo existen otras meramente dictadas. No atribuyamos el hecho al descuido, sino a la acción de este monstruo que más que enfermedad, nos dice, parece un secreto de Estado: «Un mal perfecto que está fuera de la naturaleza humana [y cuya] función es acabar con el ser humano de la manera más cruel y sistemática posible.»

Los capítulos sobre su niñez —descrita como la época más fecunda de su creación, «porque se desarrolló en la absoluta miseria, pero también en la absoluta libertad»— nos hablan de una relación casi simbiótica con el mundo vegetal y animal, de la tierra con la que se alimentaba para matar el hambre, de su descubrimiento precoz del sexo, del bohío guajiro de los abuelos, de la madre y tías jóvenes y abandonadas, de esa sociedad cruel y machista del área antillana, caldo de cultivo de un soterrado pero tenaz homosexualismo. Sin los flecos y lugares comunes del llamado realismo mágico, Reinaldo Arenas nos pinta su aprendizaje vital en un ámbito primitivo cuya savia le sostendrá en los azares de la existencia, en los momentos de mayor abandono y desdicha. «Desde el punto de vista de la escritura», dirá, «apenas hubo influencia literaria en mi infancia: pero, desde el punto de vista del misterio, que es indispensable para toda formación, mi infancia fue el momento más literario de mi vida».

Sexo y escritura serán en adelante sus pilares, su castigo y su gracia; la causa de sus persecuciones, pero también de su resistencia ejemplar.

El periodo que abarca el triunfo de la revolución hasta su embarque en *Mariel* contiene retratos inolvidables de diferentes personajes del mundo oficial o disidente de Cuba. Con el frenesí de una *loca de argolla,* Reinaldo Arenas asume los riesgos de su condición, se enfrenta temerariamente al peligro. Su tiempo transcurre entre correrías y ligues —*fleteos*— y la redacción de novelas y textos que debe ocultar a la omnipresencia de sus verdugos: bajo las tejas de su domicilio, en casas de amigos aterrorizados o dudosos, en bolsas de plástico enterradas en playas solitarias. Cuando la policía le acosa viaja disfrazado y se zambulle en el mar y nada varios kilómetros, se encarama a la copa de un árbol y permanece en ella tres días.

Ningún escritor de nuestro ámbito ha pasado por pruebas semejantes. Sólo su furor *calixtiano* —capaz de hallar el goce en los lugares más arriesgados y duros— le permite sobrevivir y encontrar un refugio lábil, siempre amenazado, en la escritura.

Su detención, el universo carcelario, coinciden a grandes rasgos con experiencias sufridas en otras latitudes y climas. Pero lo que más impresiona en la autobiografía de Arenas —junto a su sexualidad obsesiva y capacidad de supervivencia— es el retrato feroz, paliado por breves toques de humor de la constelación de *locas* que le rodea: sus disimulos, rencillas, traiciones, degradación paulatina. El dominio del sistema totalitario sobre cuerpos y almas, su ensañamiento en quebrar la resistencia moral de los desafectos, se apoya en la delación y chantaje. Poco a poco, Arenas comprueba que sus mejores amigos se truecan en confidentes: junto a las *locas de argolla* emergen los *pájaros* agentes de la policía. El universo genetiano, de carceleros bujarrones, *locas* delatoras y maricas histéricas y suicidas, aparece pintado con esmero de miniaturista. Algunos personajes —como el de Hiram Pratt— alcanzan una grandeza y patetismo dostoievskianos. Al recorrer las páginas del libro pensaba sin cesar en esta otra obra capital sobre la humillación física y ética de los cautivos del *gulag* escrita por

Gustave Herling y prologada en francés por Jorge Semprún: *Un monde apart*. En ambos hallamos el mismo sadismo y encarnizamiento en rebajar y destruir a los prisioneros aunque en Herling —que vivió la experiencia en el extremo norte y no en el Caribe— el factor esperpéntico homosexual no exista. La *nave de las locas* en la que navega Arenas es específicamente cubana y goyesca, no obstante las evocaciones en las que apunta la melancolía y aun la nostalgia. Como Herling, Semprún y otros fugitivos de las aberraciones totalitarias, Reinaldo Arenas llega a la conclusión de que «en los sistemas políticos siniestros se vuelven siniestras también muchas de las personas que los padecen; no son muchos los que pueden escapar a esa maldad delirante y envolvente de la cual, si uno no se excluye, perece». Pero, simultáneamente, rebelde político y sexual, el autor de *Antes que anochezca* tendrá la valentía moral de reivindicar desde la libertad los momentos de dicha que, entreverados con horror, disfrutó en la isla: «la belleza de las relaciones de entonces era que encontrábamos a nuestros contrarios; encontrábamos a aquel hombre, a aquel recluta poderoso que quería, desesperadamente, templarnos (...). Aquí no es así o es difícil que sea así; todo se ha regularizado de tal modo que han creado grupos y sociedades que es muy difícil para un homosexual encontrar un hombre, es decir, el verdadero objeto de su deseo.»

Gústenos o no, el goce sexual se asocia en lo más hondo del ser humano a las ideas de transgresión y clandestinidad, de introducción por fractura en lo vedado, a la acuciante sensación de peligro. El *desmayo* del que hablaban nuestros clásicos se acrecienta con la sabrosa furtividad y decrece en el yermo de lo prescrito. Muchas son las víctimas de la sociedad —incluso de la sociedad de barniz liberal— que no consiguen siquiera esa parcela secreta, frágil y efímera: como este Tapado Anónimo, evocado en un conciso artículo de Miguel García Posada, obligado a ocultar la razón de su muerte como había ocultado la verdad de su vida. Reinaldo Arenas tuvo al menos la posibilidad liberadora del grito.

¡Qué lección de honestidad la suya para tantas caricaturas de autores homosexuales aquejados de púdico estreñimiento, de letra-herida incontinencia e intestino terminal estrecho con sus mohínes, poses, pelucas, bastones, confesiones a medias, gorgoritos de diva, disfraces grotescos!

Reinaldo buscó la muerte a ciegas en la espesura y lobreguez de los avernos neoyorquinos, bajo el signo de *King Kong.* ¿Bajó a uno de los peldaños y grados del tormento en las entrañas del *pozo de la mina?* ¿Conoció el

«mudo descenso al abismo, gravitación animal: el afán de aniquilación, misterios de go-
zo y dolor, crudo, exaltador *vía crucis*»? ¿Se
unió a los racimos humanos aglutinados en el
sufrimiento, beatificados por la expiación? No
temió al sida y eludió sus postreras zarpadas
acortando dignamente sus días. Como dijo
Monique Lange, conmovida como yo por la
lectura del libro, su final fue el del héroe: cayó
gloriosamente en el campo de honor.

(1992)

Manuel Puig

A mediados de los sesenta, cuando ejercía mis modestas funciones de lector de español en la editorial Gallimard, recibí una visita del cineasta Néstor Almendros. Llevaba bajo el brazo un manuscrito dactilografiado y lo puso en mis manos diciendo: «Es la novela de un amigo argentino que trabaja de *steward* en Air France. Léela. Estoy seguro de que te gustará.» Néstor, como siempre, tenía razón. Pocas veces en mi vida he calado en un texto literario de un desconocido con tanta sorpresa y delicia. Al cabo de la lectura, tenía el pleno convencimiento de hallarme ante un auténtico novelista, atrapado, como lector, en las redes de un mundo originalísimo y personal. Escribí inmediatamente a su autor para comunicarle mi opinión y darle la buena nueva de que Gallimard editaría el libro. Pero éste planteaba un problema: el título. Manuel Puig —que luego destacaría en la elección de títulos brillantes y a veces geniales— había confiado el manuscrito a Néstor con una docena de ellos, provisionales y de escasa enjundia.

En su respuesta a mis líneas —que, desdichadamente, no conservo—, el novelista me resumía la educación sentimental de su protagonista y mencionaba la impresión causada en él por «la traición de Rita Hayworth». La frase me cautivó: tal era, debía ser, el título. Así éste fue obra de Manuel Puig, pero descubrimiento mío.

Una vez firmado el contrato de la edición francesa, aproveché uno de mis viajes a Barcelona para llevar la novela a Carlos Barral. «Te traigo aquí el próximo premio Biblioteca Breve», le dije. La cara de Barral, de ordinario amena, expresó el semblante desapacible de quien acaba de recibir una mala noticia. Su actitud —el escasísimo entusiasmo de mi hallazgo— se aclaró semanas más tarde a raíz de la concesión del premio.

La traición de Rita Hayworth no fue premiada y, lo que es más lamentable aún, Barral no quiso publicarla siquiera. Su impresión personal de Manuel, quien, ingenuamente, había corrido a verle a Barcelona en calidad de finalista, fue tan negativa como tajante. Con su probado olfato literario, decidió que aquel argentino afeminado, vulnerable y frágil no era un escritor digno de figurar en el prestigioso catálogo de la editorial. La novela se publicó en Buenos Aires, en donde obtuvo el éxito que merecía.

Pese a la excelente acogida de sus primeras novelas por parte del público y la crítica, los
sinsabores político-literarios de Manuel no ce-
saron. En una época en la que la imagen de
Latinoamérica como un continente en lucha
convertía plumas en metralletas y a los escritores en portavoces de la revolución en marcha,
una figura y obra como las suyas suscitaban
recelo, desdén y rechazo. La ex compañera de
Julio Cortázar vetó la publicación de *El beso de
la mujer araña* en Gallimard porque dañaba sin
duda la consabida imagen del militante *machis-
ta-leninista* al presentarlo enternecido y cauti-
vado por las artes de Sherezada cinematográfica
de su compañero de celda apolítico y homosexual. Desde los mismos supuestos morali-
zadores y sectarios otras editoriales europeas
de izquierda siguieron su ejemplo. Con todo,
el error no podía ser más grosero. Del mismo
modo que dos poemas sobre la guerra civil del
menos politizado de nuestros poetas del 36
—me refiero a Luis Cernuda y a sus admirables
Elegías españolas— son los únicos que pueden
leerse hoy con emoción en virtud de su hondura y distanciamiento, Manuel Puig es el autor
de las mejores novelas políticas de la década de
los sesenta en Latinoamérica pues son obras
de un escritor que desconocía otro compromiso
que el que había contraído con la escritura y
consigo mismo. *Pubis angelical* y *El beso de la*

mujer araña reflejan con una penetración y rigor moral ejemplares el sistema de terror impuesto por la Junta Militar argentina y la lucha bienintencionada pero ineficaz de los grupos extremistas latinoamericanos de las pasadas décadas, grupos situados, como dijo Octavio Paz, «en las afueras de la realidad». Comparémoslas con el *Libro de Manuel* o cualquier obra políticamente comprometida y advertiremos la diferencia entre quien acertó en el clavo y quien se espachurró literalmente los dedos.

Este apoliticismo aparente de Puig —condenado entonces por la mayoría bienpensante de sus colegas— le evitó no obstante caer en la trampa de quienes celebraron el retorno de Perón como un primer paso indispensable al triunfo de la revolución en Argentina. Recuerdo sus comentarios a un artículo sobre el tema publicado en *Le Monde* por uno de sus colegas: «Mis paisanos están locos. ¿Cómo puede haberse vuelto de izquierdas un señor que se ha pasado veinte años en la España de Franco leyendo el *Abc* todos los días?» Su elemental sentido común le permitía ver lo evidente. Como sabemos, el retorno del General a Buenos Aires no consagró el triunfo de Marx sino el de Valle-Inclán y su visión esperpéntica de la historia: meses después de este magno acontecimiento, Argentina era gobernada por una ex cabaretera y un astrólogo.

Una nueva prueba de la inteligencia e integridad de Puig, la tuve la última vez que le vi, a fines de mayo o primeros de junio de 1982. Yo estaba en Berlín, disfrutando de una beca de la DAAD y él había venido a participar en las festividades de Horizonte-82, centradas en torno a Latinoamérica. Era el momento de la guerra de las Malvinas y la colonia de exiliados argentinos y otros países hispanohablantes había redactado un manifiesto de condena al imperialismo inglés y su agresión a una nación hermana. Recuerdo que cuando me presentaron el documento me negué rotundamente a firmarlo. Tanto cuanto el golpe fascista contra Makarios y su consiguiente amenaza a la población turco-chipriota provocó la intervención militar de Ankara y la caída del siniestro régimen de los coroneles griegos, tanto más la aventura descabellada de los militares argentinos en las Malvinas y el envío de la Armada británica iban a originar el desplome de la sangrienta Junta de Buenos Aires. La previsible derrota de los espadones era una bendición para sus compatriotas pues debía liberarles de su yugo e imponer el retorno a la democracia. Algo tan sencillo y claro no cabía sin embargo en la cabeza de muchos obnubilados patriotas: uno tras otro se sucedían en la tribuna de Horizonte como en un púlpito o barricada desde los que sus voces de patria o muerte (sin que ninguno de quienes las proferían se enfrentara, que yo sepa, a tan terrible dilema) arrancaban salvas de aplausos. Llegó el turno de Manuel con las inevitables preguntas sobre la guerra. Adoptó con humor un tono entre familiar y comedido, sabia mezcla de comadre de pueblo y de alumna del Sagrado Corazón: «¿Qué son las Malvinas? Cuatro islas desiertas que descubrió un barco inglés que, por puro capricho, plantó su bandera en ellas y allí se quedaron los marinos con unas cuantas ovejas y nada más. Pero, como en Argentina nos han dicho siempre que las islas son nuestras, las cantamos en nuestros himnos y escuelas y todos tenemos una prima que se llama Malvina, nos lo hemos creído de verdad y las hemos liberado. Pero esa Mrs. Thatcher, tan antipática ella, no ha comprendido nuestros sentimientos y ha enviado su Armada. ¿Qué va a pasar? Yo no lo sé. Pero una vecina mía que, como yo, tampoco entiende nada de política, me dijo "eso de recuperar las islas me parece bien; pero si los militares tienen éxito, creo que se quedarán en el poder no diez sino doscientos años"». Un silencio incómodo premió sus palabras. Manuel no podía haber dicho mejor cuanto había que decir y, después de tanta retórica huera, su ironía y honestidad fueron una corriente de aire fresco: la voz desmitificadora del niño en el cuento de Andersen.

En la hora de su muerte quiero recordar así no sólo al gran escritor que fue sino también al tenaz defensor de los derechos de las mujeres y homosexuales en un mundo ferozmente machista y a quien, con entereza y dignidad, supo discernir y captar la realidad a pesar de las brumas del miedo y los ojos vendados de las ideologías.

(1990)

Severo Sarduy, *in memoriam*

A contrapelo de esa predisposición tan común a los escritores, y muy especialmente a los de nuestra madre España, a tomarse a sí mismos en serio en vez de tomar a pechos su propio trabajo, Severo Sarduy se tomaba a sí mismo en broma y afrontaba con rigor y escrupulosidad ejemplares su quehacer literario. Sin ceder nunca a la presión ideológica o comercial que ha desbaratado la carrera de tantos escritores de talento de nuestra generación, se convirtió, poco a poco, para mí y unos cuantos, en el paradigma del auténtico creador: este rarísimo espécimen de autor con cuyo rasero debemos medirnos, que incita a la emulación y escribe con la omnímoda libertad de quien no busca el halago público. Severo, digámoslo bien alto, no rebajó un centímetro su nivel literario a fin de conquistar lectores: forzó, al contrario, a un puñado de éstos a elevarse a su altura. No escribió para ganarse la vida: buscó el medio de ganarse la vida —su atalaya de asesor literario, primero en Éditions du Seuil y luego en Gallimard—

para poder escribir. Con la invocación angélica o tutelar a Lezama Lima, trazó una estela ascendente hasta el bellísimo y conmovedor *Cocuyo,* que, junto a *Colibrí,* son en mi opinión sus obras maestras.

Un estilo inconfundible, leve, irónico, tierno, configura el territorio de su narrativa: una ínsula fértil, gozosa, barroca, llena de esplendor vegetal; prosa forjada con amor de orfebre, insólita y de imitación imposible; lectura que exige volver sobre ella para degustarla, como se saborea un sabroso manjar.

La ambición literaria de un escritor se manifiesta *ab ovo* en la elección del maestro: Severo Sarduy no se agrega al rebaño de los Cien Mil Hijos de García Márquez, ni al de los epígonos de Faulkner, ni al de los seguidores anémicos de la novela *light;* poeta o funámbulo sin red, se arrima al magisterio de uno de los mayores y más arduos escritores castellanos de todos los tiempos: me refiero, claro está, al autor de *Paradiso* y *Oppiano Licario.* Si la inmensidad de Lezama dificultaba la empresa, Severo Sarduy se mostró capaz de asumir el riesgo, someterse al aprendizaje difícil y ganar la apuesta: crear ese lenguaje flexible y vivo, caribeño hasta la médula, que le convierte junto a Cabrera Infante en el mejor novelista cubano de las últimas décadas.

Afincado en París, Severo no dejó de ser, al igual que su colega, el más cubano de los escritores de la diáspora: su humor, mestizaje idiomático, afortunada simbiosis de culturas, son fruto de esta isla bendecida por la naturaleza y maltratada por la opresión colonial, rapacidad gangsteril y monolitismo ideológico —locura ya hoy— de sus sucesivos tiranos. La historia nos depara a menudo tales sorpresas: como si para compensar con las desdichas político-sociales que inflige a un país propiciara la aparición de un núcleo de artistas único en abundancia y grandeza. ¿Qué país de nuestra lengua puede presentar, en efecto, una lista tan impresionante de narradores como la formada por Lezama Lima, Carpentier, Virgilio Piñera, Cabrera Infante, Reinaldo Arenas, Severo Sarduy? Si el Premio Cervantes no se hubiera convertido ya en un muestrario de nuestro tradicional chalaneo, ¿no debería haber sido concedido *ex aequo* a esta luminaria de creadores excepcionales? Pero nuestra sociedad literaria parece percibir sólo la luz de los planetas extintos; como en tiempos de Larra y Clarín, confunde a los vivos con los cadáveres.

Una amistad personal de casi treinta años me autoriza a decir que he conocido a muy pocos escritores del fuste de Sarduy: sin ínfulas ni autosuficiencia, modestos, generosos y leales con los amigos, rebosantes de vida, embebidos de humor. Su frivolidad era la máscara de su hondura y nitidez; ni el rencor ni la envidia ni la maledicencia tenían cabida en él.

Como muchos santos del islam popular, cultivaba públicamente sus vicios y mantenía sus virtudes secretas. Sólo los amigos podremos en adelante dar testimonio de ello.

Al redactar estas líneas a vuelapluma me vienen a la memoria dos anécdotas.

Nueva York, a comienzos de los setenta: soy profesor visitante en NYU y estoy dando un curso a una veintena de estudiantes graduados sobre *Paradiso, Tres tristes tigres* y *De dónde son los cantantes.* Mientras me esfuerzo en analizar la abigarrada composición de esta última novela, advierto que los estudiantes se ríen a hurtadillas y hacen circular el ejemplar de una revista de mesa en mesa, felizmente sustraídos por algún diablillo o genio a la fúnebre seriedad de mis palabras. Al cabo, la tristeza de la exclusión y mi curiosidad son más fuertes: humildemente, les ruego que me pasen la revista y me permitan participar en su fiesta. Con audacia jovial, una muchacha me entrega un ejemplar de la edición hispana de *Cosmopolitan:* en una doble página en color, Severo, desnudo y tendido en un diván, se cubre con una mano discreta las partes pudendas. Aquella irrupción alegre del *choteo* isleño fue probablemente uno de los mejores recuerdos de mi enseñanza profesional. Con malicia amistosa, Severo había introducido una nota carnavalesca en el curso: el cuerpo del delito del autor.

París, otoño de 1989, Instituto del Mundo Árabe: tras la proyección de un filme de Pierre Aubry consagrado a mi trabajo, el público inicia un coloquio acerca de San Juan de la Cruz, el sufismo y la simbología del pájaro, del vuelo a Simorg. Con esa gracia única de quien cita a Góngora y Villamediana con una chaquetilla de terciopelo verde y un vaso de daiquiri en la mano, Severo toma la palabra: proclama mi «santidad» con una autoridad y convicción que habrían hecho palidecer de envidia al mismísimo Papa y me transmuta en el San Juan de Barbès-Rochechouart —el barrio parisiense de los inmigrantes árabes, demolido hoy poco a poco, en solapada limpieza étnica, por el alcalde señor Chirac.

Días después caía enfermo y sufría las primeras acometidas de la pandemia que ha acabado con él y contra la que luchó hasta el fin con dignidad y fortaleza. Nuestra anterior frecuentación se redujo desde entonces a una intermitente relación telefónica, a veces melancólica y con referencias oblicuas al mal que le destruía, y otras, animada por la euforia y afán de vivir que nunca le abandonaron. Hace pocas semanas, inquieto con los rumores que corrían sobre su estado, le llamé para felicitarle por su último poemario y disipó aún con humor y estoicismo todas mis aprensiones: me hablaba de su pintura y sus nuevos textos con un optimismo que no parecía fingido. A primeros de junio quise transmitirle el cariño y entusiasmo de su traductor y editor alemanes, con quienes hablé a menudo durante mi reciente estancia en Berlín. François Wahl se puso al teléfono y me engañó piadosamente: dijo que Severo había salido a hacer unos recados y me llamaría a la vuelta.

Su voz no me llegó y sí, en cambio, con días de retraso, la noticia de la muerte, no por temida menos cruel e hiriente. El verso de Luis Cernuda cifra cabalmente mis sentimientos ante su brusca ausencia: «El tiempo es duro y sin virtud los hombres. / Bien pocos seres que admirar te quedan.»

(1993)

La sinfonía de *Los adioses*

Lentamente, el anfiteatro se vacía. Sus ocupantes se han retirado uno a uno, de puntillas, como avergonzados de sus tenues movimientos, procurando no llamar la atención. Antes, han ido desmedrando en silencio, ocultando en lo posible su figura de espectros, en una vana tentativa de salvar las apariencias, fingir un simulacro de vida, demorar la inexorable consunción. Pero nadie se percata de su cauta, subrepticia salida. Algo ocurre en el escenario que imanta la mirada de los privilegiados y aún saludables espectadores arracimados en los palcos: los músicos se escabullen también a hurtadillas, enfundan discretamente sus instrumentos, guardan con cuidado las partituras, se eclipsan descarnados y anémicos, dejando a quienes aún tocan la flauta en sordina en un abandono patético, involuntaria repetición de la sinfonía de *Los adioses*, de Haydn. La pandemia los barrerá también.

Cuando un acontecimiento exterior —una guerra, catástrofe, enfermedad— irrumpe en el quehacer literario, en la composición, articulación o desarrollo genético de un poemario o novela, un conjunto de circunstancias aleatorias impone al sujeto que escribe —el creador agredido y al fin *descreado*— la brusca necesidad de integrar el hecho —herida, corrosión, sufrimiento— en el esquema de su obra, de acomodarlo e insertarlo en ella de igual manera que en su organismo ha acomodado e insertado el mal. Hay casos en los que un destino magnánimo concede el lapso de la integración *armoniosa* —según los criterios anteriores a la intrusión del huésped indeseable y voraz—, y otros en los que el escritor, paulatinamente despojado de la ilusoria unidad creadora, se ve forzado a someterse a las leyes destructivas del intruso, a analizarlas paso a paso, a describir minuciosamente sus progresos: el desalojo gradual del yo por el virus ocasionador del contagio, ese enigmático «engendro de demonios coléricos y sedientos de linfa animal».

En la autobiografía de Reinaldo Arenas es fácil advertir el momento en el que la bella y tensa escritura de la obra se afloja, descaece y ahíla a la par el cuerpo que la genera: lo escrito cede paso a lo dictado y la voz retenida por la grabadora no nos transmite ya emociones estéticas, sino desgarro y desolación.

Para quienes hemos seguido atentamente por espacio de treinta años el admirable trayecto creador de Severo Sarduy —sus tal vez escasos, pero fervientes lectores—, *Pájaros de la playa* nos brinda el mejor ejemplo de obra creada y descreada por la erosión del virus mortal. La tetralogía o bestiario antillano a la que consagró sus desvelos y energías —sin desanimarse por «la cruel indiferencia, la agresividad provinciana, el rechazo colectivo y la burla» que le escoltaron como vultúridos hasta su agonía y consumación— debía culminar con ese *Caimán* que podemos leer en filigrana a lo largo de las andanzas de Siempreviva y sus acólitos en la siniestra clínica o moritorio de la baldía isla volcánica, contrapunto de la otra, para siempre perdida y embellecida por la nostalgia: «Un caimán verdoso y voraz se atragantaba con una *cobra* que ondulaba en las manos de un dios indio, éste se tragaba a un *colibrí* ingrávido en el aire sobre un terrón de azúcar, y el pájaro a su vez, atraído por la fosforescencia, ingurgitaba de un solo bocado a un *cocuyo*.» (Las cursivas son mías y corresponden a los títulos de la tetralogía de Sarduy.)

El párrafo citado ¿es un recordatorio al lector del proyecto frustrado por el asalto de la enfermedad «fulgurante, irreversible y desconocida»? Probablemente. Pero dicha acometida, cuyos efectos devastadores registra puntualmente el *Diario del cosmólogo* incluido en la novela, si desequilibra y rompe la *armonía* buscada —la coronación brillante de una empresa novelesca de aguijadora inventiva, embebida de ternura y humor—, introduce en el texto el lenguaje del cuerpo, no ya de un cuerpo imaginado como máquina de placer, sino en el límite de su agotamiento y extenuación. El exquisito artificio del universo barroco revela así su vertiginoso vacío frente a las palabras apagadas y mates, pero sustanciales. El agudo lector de Góngora y de Lezama se transmuta al contacto del *rayo de tiniebla*, del ardor e incandescencia de *Cántico espiritual*. En el naufragio del yo, del «conjunto de agregados físicos y mentales que actúan aparentemente unidos (...) en el flujo de cambios momentáneos en que no hay nada permanente», Sarduy, lo que queda de Sarduy, descubre que si «la vida empieza en lágrimas y caca» (Quevedo), su final es idéntico: «Como si para subir hasta lo absoluto y conocer la disolución en el Uno fuera necesario bajar a la podredumbre, rozar lo inmundo, perderse en el asco y la corrupción.» En otras palabras, la quiebra aparente del designio artístico provoca el flameo e ignición del lenguaje místico: la soledad, el silencio, el abrasamiento, expresados, como en San Juan de la Cruz, en frases desnudas y breves, pero sublimes.

El estampido de la vacuidad (*El País*, 14 de agosto de 1993) obliga a volver sobre la obra entera de Sarduy y contemplarla con luz nueva. Raros textos han alcanzado en nuestra lengua —aun en un siglo relativamente afortunado como el nuestro— tal grado de rigor, hondura, esencialidad:

«Escritos en el exilio, en el desvelo, tantos libros que nadie ha leído; tantos cuadros, minuciosos hasta la ceguera, que no compró ningún coleccionista ni museo alguno solicitó; tanto ardor que no calmó ningún cuerpo.»

«Mi vida», me digo en un balance prepóstumo, «no ha tenido *telos*, ningún destino se ha desplegado en su acontecer».

«Pero de inmediato rectifico. "Sí lo ha tenido". ¿Cómo no ver en esta sucesión de frustraciones, de fracasos, de enfermedades y abandonos el golpetazo reiterado de la mano de Dios?»

Decía irónicamente Cernuda que «si el mayor defecto de un poeta es estar vivo», ésta es una falta que el tiempo se encarga de corregir. Quienes *ningunearon* a Severo en vida, pueden ya ensalzarle con esa necrofilia o necrofagia reiteradamente manifiestas a lo largo de la vida literaria hispana.

Los sufrimientos intensivos de la pandemia, fusión mórbida del virus devorador y cuerpo devorado, deterioro implacable de las facultades físicas y mentales del enfermo —capaces, no obstante, de obrar el milagro de descubrirle «las cosas no en su relumbrona superficie, sino en el centro indecible de su identidad»—, adiestran el cuerpo descompuesto no sólo a su extinción paulatina, sino a su subida, peldaño a peldaño, por la *secreta escala*.

Todos los desaparecidos del anfiteatro —ya sean espectadores anónimos o músicos ejecutores de la sinfonía de *Los adioses*— han conocido el desmantelamiento, evacuación escalonada del yo de su propio cuerpo, caída programada en el abismo del no ser. Sobrellevar todo ello con entereza, en silencio —como tantos otros amigos diezmados por el mal—, revela una forma nueva, pero innegable, de santidad. No temamos formular la palabra: en un mundo en el que los valores espirituales no tienen cabida, osemos reivindicarla como posible meta o ideal.

Lo diré así con humor, mas con seriedad extrema: Severo murió como un santo —con la misma santidad con la que agoniza el cineasta británico Derek Yarman, expuesta en una reciente y conmovedora entrevista en *The Independent*— y merece una inmediata beatificación. Estoy seguro de que sufíes como Ibn Arabi e Ibn Al Farid, San Juan de la Cruz y su homónimo Barbès-Rochechouart, además de las hermanas de la Perpetua Indulgencia o travestidos londinenses con hábito de monjas que canonizaron a Derek Yarman —reencarnación alegre de Auxilio y Socorro, las fieles compañeras de Sarduy a lo largo de su obra—, saludarán también la emergencia de esta nueva, festiva y ligera forma de santidad, sin burocracia, papeleo, jerga eclesiástica ni arrimos curiales (¡dejemos todo esto a monseñor Escrivá de Balaguer!).

En su aniquilación, Severo Sarduy supo entrever el camino: «Hay, pues, más allá de la desesperanza total, algo que persiste, una fe en el lenguaje y sus facultades, en la palabra.»

(1993)

Palmera y mandrágora

Notas sobre la poética de José Ángel Valente

Si la teología de Irán es una teología de la Luz, como escribe bellamente Henry Corbin, ello obedece a una conjunción real o armonía previa existente entre los dos términos: «La luz que se vierte sobre la altiplanicie, luz solar de los días y estelar de las noches, es una materia en su estado más sutil, perfectamente sublimado: la materia inmaterial de los místicos, en la que la imaginación metafísica puede modelar sus sueños.»

Un recorrido por el Jorasán, la meseta en donde se alza la villa sagrada de Meshed, establece un vínculo tan inmediato como fecundo con la *Tierra celeste* descrita por los doctrinarios *chiíes* y un paisaje esplendente de ocultaciones, natividades, ciclos solares que impregna al contemplador y dulcemente lo transfigura: geografía visionaria en la que las edades del mundo espiritual de Ibn Arabi, Avicena y Suhrawardi divergen de las del mundo exterior y parecen eternizarse con su luz auroral que incendia e irradia. ¡Imágenes gloriosas surgidas de un paisaje sediento, devastado y pétreo por obra de quienes aspiraron a transmutarse en cuerpos sutiles como ese flujo de partículas energéticas desprovistas de masa que nos hace visibles y nos ilumina! ¡Sol de medianoche, igniciones astrales, entidades espirituales puramente lumínicas! Los místicos sufíes y gnósicos de la *chía* elaboraron en un ámbito similar su fascinadora doctrina de raíces platónicas, zoroastrianas y apocalípticas sobre la «música cósmica» y «melodía de las esferas». ¿Fue el vasto océano de crestas rocosas y formas minerales de cegadores destellos el que suscitó su visión de Qaf, refugio de Simorg y clave de la bóveda celeste? El nimbo que aureola las cadenas montañosas que circuyen su espacio, ¿no es acaso el que envuelve a ángeles e imames, al *pleroma* de los Purísimos? ¡Visiones, teofanías, alquimia: un dicho atribuido a Alí define muy significativamente a esta última como «hermana de la profecía»!

Sumergirse en la lectura del *Relato del exilio occidental* o *La conferencia de los pájaros* nos ayuda a recrear el paisaje de la sutilidad, entornando los párpados y contemplándolo exclusivamente con el ojo de la imaginación. La luz del altiplano iraní, la luz de Jorasán, convidan a soñar en este mundo *imaginal* que cela los secretos revelados a los imames: conforme al mismo, «un sólo átomo de la Tierra supraceleste proyectado en un millón de nuestros universos bastaría para inflamarlos con su pura luminosidad y belleza hasta el estado fusional de la incandescencia». Cuando la ciencia contemporánea, con su descubrimiento de lo infinito material, despoja al universo de su metafísica y simbología, el corpus visionario de los místicos y doctrinarios chiís nos recuerda la dimensión espiritual e imaginativa del ser humano, en la que el fulgor del verbo, como la palabra poética, rescata a aquél de su mutilación, empobrecimiento y desdicha.

La cita de José Lezama Lima que figura al comienzo de *Material memoria* (1979) —«La luz es el primer animal visible de lo invisible»— compendia o simboliza la poética que José Ángel Valente «segregará», por decirlo así, orgánicamente a lo largo de la siguiente década —de *Tres lecciones de tinieblas* (1980) a *Al dios del lugar* (1989)—: traza un puente o itsmo aéreo y sutil como el *barzaj* entre el poema multiplicador de los sentidos, concebido como «la fulgurante aparición de la palabra» y ese *mundo imaginalis (aalam mithâli)* intermediario al universo material y al inteligible puro, fruto de la imaginación activa, de la *imaginatio vera,* órgano de conocimiento contiguo al del intelecto y los sentidos.

El pájaro sufí, el ave sanjuanista, embriagada de luz, vuela, planea, se cierne, se abate, enlaza lo visible e invisible, oscila de la palmera a la mandrágora: entre el símbolo de la Tierra Celeste de luz, creada según Ibn Arabi con un excedente de la arcilla de Adán, y el de la entraña oscura, material, opaca en la que nos enfangamos. Así, el poema, fascinador en su enigma, «cuyo canto es líquido —palabra poética, nos dice Valente—, reconocible "sólo en su fluir"».

La poética de *Material de memoria,* embebida como la de San Juan de la Cruz de la Biblia y de la mística hispanohebrea, es mestiza y mudéjar, aúna tradiciones opuestas, concilia los términos habitualmente enfrentados.

Por un lado, ligereza, ingravidez, del

> *ave solitaria*
> *en las gargantas de la luz:*
> *«Como un gran pájaro*
> *que se abatiera hacia el ocaso*
> *para beber en él*
> *la última gota de su propia luz...*
> *Como un pájaro roto en muchas alas*
> *que se precipitasen en la noche*
> *ebrias sólo de luz,*
> *las nubes.»*

Por otro, gravitación hacia el centro material, «la oscura luz del fondo»: pájaro transmutado en pez. Descenso a la mandrágora, no como criatura demoniaca, sino balbuceo auroral de la materia informe:

«El latido de un pez en el limo antecede a la vida: branquia, pulmón, burbuja, brote: lo que palpita tiene un ritmo y por el ritmo adviene: recibe y da la vida: el hálito: en lo oscuro el centro es húmedo y de fuego: madre, matriz, materia: *stabat matrix*: el latido de un pez antecede a la vida: yo descendí contigo a la semilla del respirar: al fondo: bebí tu aliento con mi boca: no bebí lo visible.»

Insistamos. Valente no confronta términos antitéticos: los complementa y funde. Baja de lo sutil a lo craso y halla la luz en el núcleo mismo de lo oscuro. El sexo lleva a cabo esa reconciliación milagrosa: la *llama de amor viva* que, a través de la forma sensible del cuerpo, asciende incorpórea, hecha fulgor. Desde el *Cántico espiritual* y la *Guía* de Molinos no existe otro autor en nuestra literatura capaz de expresar en textos concisos y densos, depurados, sustanciales, este vértigo simultáneo de la luz y la entraña. La imaginación activa del poeta —como la de sus maestros y la de los místicos sufíes y de la *chía*—, le permite emigrar del mundo sensible al imaginal, pasar del silencio al Canto sin romper por ello el silencio que engendra el poema. El extremo rigor de la palabra no descifra el enigma, «como no descifra un pájaro». Para desesperación de teólogos y críticos de literatura, el poema no se deja apresar en un sentido unívoco. Arde, se consume y renace con luz propia:

> «Deja que llegue a ti lo que no tiene nombre: lo que es raíz y no ha advenido al aire: el flujo de lo oscuro que sube en oleadas: el vagido brutal de lo que yace y pugna hacia lo alto: donde a su vez será disuelto en la última forma de las formas: invertida raíz: llama.»

Si San Juan de la Cruz es, en una de sus posibles lecturas, el mayor poeta erótico de nuestro mal llamado Siglo de Oro —¿qué nombre darle a éste no obstante el admirable fulgor de sus brasas cubiertas pronto de ceniza y de tierra, después de haber leído a Castro y Bataillon?—, debemos igualmente a José Ángel Valente los poemas de amor más enjundiosos y bellos escritos en España después de la gran generación de poetas anterior a nuestra guerra civil. Como un alquimista, su autor transmuta el vértigo en quietud, la quietud en movimiento. El anhelo espiritual y sensual del ave que hiende el aire y vuela en torbellino de la palmera de luz a la ardiente humedad de la mandrágora es, en verdad, una «segregación»: no acto de escritura, «sino lenta formación natural». Crecimiento orgánico de la semilla que germina sin pauta precisa, contenedora en su núcleo de todas las formas.

El ave antorcha de la luz solar, inmaterial ya en los límites de lo visible, embriagada de la inmediatez a las sustancias emanadas de la Pura Luz como las que, según Ibn Arabi, contemplamos en el *barzaj,* ¿no será una transfiguración del pez, de lo alojado en el limo, la humedad, la arcilla seminal, «los barros oscuros donde la figura de los sueños fermenta»?:

> *Respiración oscura de la vulva.*
> *En su latir latía el pez del légamo*
> *y yo latía en ti*
> *Me respiraste*
> *en tu vacío lleno*
> *y yo latía en ti y en ti latían*
> *la vulva, el verbo, el vértigo y el centro.*

Ambigüedad radical, dispersión de sentidos, ardor sexual trocado en plenitud de espíritu: conformemente a nuestros alumbrados, émulos audaces de los *israquíes,* que tanto hilo dieron a torcer a la Inquisición y siglos después de su brutal desarraigo, arrebataban aún de santo furor a mi admirado Menéndez y Pelayo. Judeo-cristiana en sus fuentes, la poética de madurez de Valente, se arrima, de modo consciente o no, a la vivencia amorosa islámica. Sexo y teofanía no son imcompatibles, nos dirá

Ahmad Al Ghazali: es más, el primero puede ser la vía que conduce a la segunda. Si la multiplicación de formas refleja la modulación compleja de una misma Presencia, el afán de beber la humedad del fondo, de hundirse en el limo originario del que surgieron Adán y la palmera implica simultáneamente una ascensión: el poeta crea el poema con palabras como el hombre fue creado de arcilla. Para elevarse, aun de modo efímero, a la luz hay que bajar a los abismos como en el dicho juvenil gideano: «contempla el fondo del pozo si quieres ver las estrellas». Oigamos al poeta:

> *Sumergido rumor*
> *en las burbujas de los limos*
> *del anegado amanecer,*
> *innumerables órganos*
> *del sueño*
> *en la vegetación que crece*
> *hacia el adentro*
> *de ti o de tus aguas, ramas,*
> *arterias, branquias vertebrales,*
> *pájaros del latir,*
> *arbóreo cuerpo, en ti, sumido*
> *en tus alvéolos.*

La aspiración a la luz, a esos instantes breves como ráfagas en los que, desasidos de lo material, desarrimados de las formas sensibles, abandonamos nuestro tenebrario para acceder como en un chispazo a lo que nos trasciende, se manifiesta en imágenes de fulgor e iluminación, de temeraria belleza en la medida en que la sabemos rara, precaria, preciosa, amenazada:

> *Suspendido del canto*
> *en el centro o en el eje*
> *celeste de la tarde,*
> *el pájaro...*
> *Vértice*
> *de la luz, el pájaro,*
> *su vuelo detenido, signo de qué,*
> *en la raíz o en la consumación*
> *del vuelo.*

Pues el poeta y el contemplativo, inmersos en el mundo de lo sensible, no acceden a la visión epifánica sino en momentos breves y privilegiados, en sueños o anagnórisis creadores que sutilizan lo craso y dejan entrever, como a San Juan de la Cruz y Santa Teresa, las fronteras de lo visible.

Irrupciones súbitas, aurorales, en el *mundus imaginalis*, tras el retorno inevitable a la materia —¡nadie es poeta ni contemplativo durante las veinticuatro horas del día!—. La unión, el arrimo a la más alta esencia, escribe con gracia Santa Teresa, «duraba tan poco... que no sé si era avemaría». De ahí la verificación, limpia y desnuda, de nuestro autor: «No estamos en la superficie más que para hacer una inspiración profunda que nos permita regresar al fondo. Nostalgia de las branquias.»

Pero, esta vuelta a lo opaco, a la humedad ardiente y primigenia, ¿no es acaso un acto de glorificación, de recreación infinita del Génesis? Leamos:

Formó
de tierra y de saliva un hueco, el único
que pudo al cabo contener la luz.

La materia es germen de la luz, la luz ilustra la materia. El mundo se articula y cobra sentido como reflejo del mundo imaginal, de ese *Malakut* omnipresente en la espiritualidad irania. Sin esta iluminación o epifanía somos:

Manada ciega
de animales oscuros
volcados sobre el barro
¿Quién vendrá de lo alto
con fragmentos de viento
a darte nombres?

La apetencia de Valente, imantada al centro de lo informe y opaco, encuentra no obstante allí la materia inmaterial de los místicos. Como dice Ibn Arabi, une los extremos y reconcilia lo opuesto. La huella del *Cantar de los Cantares,* del *Cántico espiritual* y la *Guía* de Molinos configuran un lenguaje insólito, absolutamente irrepetible y de indudables conexiones con la visión imaginal lezamiana. Medirlo, como suele hacerse, con el mismo rasero que el de los demás poetas de su generación sería condenarse a no entenderlo.

En su último y más hermoso libro, arrancado al dolor, dolor hecho sustancia, el grito lancinante:

> *Y tú, ¿de qué lado de mi cuerpo estabas,*
> *alma, que no me socorrías?*

nos devuelve a la agonía de nuestros místicos, a la sequedad o desamparo del alma desasistida, privada en su desvalimiento del ramalazo salvador de la teofanía:

> «para cuán poco nos sirvió vivir. Qué corto el tiempo que tuvimos para saber que éramos el mismo. Mientras el pájaro sutil del aire incuba tus cenizas, apenas en el límite soy un tenue reborde de inexistente sombra.»

Volvamos al comienzo: ¿puede el mundo de hoy, sometido a la tiranía planetaria de la tecnociencia, sobrevivir sin el *mundus imagina-*

lis, brutalmente despojado de su anterior espiritualidad y metafísica de la naturaleza? La obra crucial de Valente plantea de mil formas y maneras esta obsesiva y esencial pregunta:

> «No dejéis morir a los viejos profetas pues alzaron su voz contra la usura que ciega nuestros ojos con óxidos oscuros, la voz que viene del desierto, el animal oscuro que sale de las aguas para fundar un reino de inocencia, la ira que despliega el mundo en alas, el pájaro abrasado de los apocalipsis, las antiguas palabras, el despertar del sol como dádiva cierta en la mano del hombre.»

Unas décadas antes, su maestro José Lezama Lima había anotado en su *Diario* unas observaciones perspicaces sobre las *Meditaciones* de Descartes —para quien, los cuerpos no son propiamente conocidos por los sentidos o por la facultad de imaginar, sino por el entendimiento:

> «Dios mío, el entendimiento entrando en los cuerpos. El entendimiento supliendo a la poesía, la comprensión regida tan sólo por el pensamiento. Esa comprensión sería un limitado mundo gaseoso que envolvería al planeta, sin llegar nunca a la intui-

ción amorosa que penetraría en su esencia, como el rayo de lo impulsado por el propio destino.»

¡Místicos, poetas, contemplativos, profetas mudos de universal sordera! ¿Estamos tan exhaustos y vacíos para no escuchar su lamento?

(1993)

El bosque de las letras

Cuando años después de la subida al poder del nazismo Nelly Sachs se vio obligada a abandonar su ciudad natal siguiendo la senda trazada por gran número de intelectuales alemanes judíos y no judíos era víctima de una doctrina reductiva y excluyente de lo alemán equiparado a lo ario, en virtud de la cual los judíos, gitanos y miembros de otras razas supuestamente inferiores —juzgados elementos «inasimilables» y «extraños»— se hallaron enfrentados al dilema de huir de una patria homogénea y sin mácula o perecer en los horrores de un implacable ritual purificador.

Pocos años después, en otro país devastado y exangüe, sometido a la dictadura de un nacional-catolicismo triunfante, los manuales al uso y las obras de conocidos historiadores nos enseñaban a niños y jóvenes, con diversas variantes sinfónicas, que «España era una unidad de destino en lo universal». Lo que a partir de la Baja Edad Media se conoce por España poseería, según los paladines de nuestros valores sagrados y eternos, una esencia milenaria previa a la llegada a nuestro suelo de fenicios, griegos y cartagineses, esencia cuyo genio habría incorporado los aportes sucesivos de aquéllos así como los de los romanos, visigodos, del Renacimiento, etcétera. O, por citar las palabras de un distinguido pensador: «España supo (...) asimilar lo necesario, conservando, empero, y afinando las peculiaridades de sus esencias populares.» En esta larga lista de «aportes» no figuraban ni por asomo el judío ni el árabe, cuya «importancia cultural y vital» resultaba «insignificante en una España de raza, de vida y de cultura occidental». La persecución y la expulsión de hebreos y moriscos eran calificadas de «fenómeno natural»: ¡las razas «débiles» o «degradadas» sucumben siempre a la ley y razón del más fuerte!

Alejado ya de mi país por motivos afines a los de Nelly Sachs, descubrí poco a poco la realidad histórica de España —la expresión es de mi maestro Américo Castro—, encubierta por esta trama de escamoteos, patrañas y mitos. Mientras la España medieval, simbolizada por Toledo, se convirtió en un momento dado en el punto de convergencia de todas las corrientes culturales de Occidente y Oriente por su doble apertura a la balbuciente cultura del Norte transmitida por el camino de Santiago y a la cultura árabe enriquecida con sus traducciones griegas, iranias e hindúes, la España posterior a los Reyes Católicos, en su busca obsesiva de un credo unificador y una españolidad castiza, asoló el ámbito de su propia cultura y transformó a la Península en un patético erial: la España fantasmal del último Habsburgo. La lección de la historia es bien clara: la cultura se forja y fortifica a través del contacto y mestizaje con diferentes grupos humanos; desmedra y se asfixia en el ensimismamiento y cerrazón. Hace bastantes años llegué a una conclusión que no me canso de repetir: una cultura es a fin de cuentas la suma total de las influencias exteriores que ha recibido.

Sin negar *lato sensu* la existencia de culturas nacionales —a condición, claro está, de que no miren sólo atrás y fomenten lo privativo—, debemos desembarazarnos de la idea de que proceden de una raíz única. Como escribí en otra ocasión a partir de mi experiencia, la cultura no puede ser hoy exclusivamente española ni francesa ni alemana, ni siquiera europea, sino mestiza, bastarda, fecundada por las civilizaciones que han sido víctimas de nuestro etnocentrismo aberrante. Pues, si en los últimos siglos hemos exportado *urbi et orbe* el modelo occidental con todos sus accesorios —desde su ideología y valores a sus drogas y *gadgets*—, el flujo ha actuado también en sentido inverso: la inspiración «oriental» de Voltaire, Montesquieu, Mozart, Goethe, Flaubert,

Nerval, Schlegel, Delacroix, Verdi, etcétera, se
ha extendido este siglo en artistas y escritores
de talla como Picasso, Matisse, Forster, Artaud,
Genet, etcétera. El retorno de Nelly Sachs a la
espiritualidad judía, como la presencia en mi
obra de maestros sufíes como Ibn Arabi u Omar
Ibn Al Farid, no deben ser considerados productos de una desviación caprichosa: expresan, muy
al contrario, una concepción abierta y dinámica
de la cultura, su feraz y aguijadora movilidad.

El eurocentrismo narcisista del que tanto nos enorgullecemos nos impide ver el hecho
de que Europa, y su prolongación norteamericana, ha sido el resultado de una fecunda conjunción de influencias externas: la creencia de
que somos los exportadores exclusivos de los
más perfectos modelos de vida, saber y cultura
—mientras que nuestras importaciones se li-
mitarían, como en el campo económico respecto al Tercer Mundo, a materiales en bruto y
productos exóticos de las subculturas «indígenas»— es una idea surgida en el siglo XIX falsa
de toda falsedad. Dicha Europa culturalmente
pura, elaborada por un puñado de historiadores y filósofos y esgrimida hoy como bandera
de nuestras élites económicas y políticas, se ha
forjado un árbol genealógico cuyo corazón y
albura —Grecia, Roma, Cristiandad, Renacimiento, Ilustración— procedería de linajes
exclusivamente «nuestros», con olvido de que

todos estos anillos de su tronco fueron a su vez consecuencia de mestizajes, ósmosis y entrecruces con culturas no europeas. Hablar de Grecia como cuna de la civilización es disimular la deuda contraída por ésta con las civilizaciones de Egipto, Asiria, Persia y un dato tan significativo como el de que el arte nilótico sea percibido hoy —a diferencia del jónico, dórico o corintio— como contemporáneo nuestro: los nombres de Picasso y Giacometti ilustran adecuadamente mi aserto. Roma, en su dimensión imperial, fue una síntesis de lo griego y latino con los aportes de diversas civilizaciones orientales. El cristianismo brotó del judaísmo y se desenvolvió en el Asia Menor en estrecho contacto con gnósticos y zoroastrianos. En cuanto al Renacimiento, nadie ha formulado mejor que Alain de Libera la empresa de ocultación que conlleva: «en 1492, la sociedad cristiana se creó una identidad nueva, inventó una historia, imaginó una ascendencia en la que los «infieles» no ocupaban lugar alguno, una historia en la que los judíos y árabes dejaron de ser percibidos como occidentales». Los modelos —imaginarios o no— del Siglo de las Luces fueron tomados asimismo, como Jan Nederveen Pieterse muestra convincentemente, de Egipto, India, China y Persia...

El enfoque reductivista —o, por mejor decir, esencialista, ya que, como en el caso de la historiografía española, nos remite a nebulosas *esencias*— excluye a las culturas foráneas, calificadas de «exóticas», de la identidad fundamental europea, la cual, a lo más, las habría incorporado y asimilado sin alterar por ello su identidad esencial. Las implicaciones de dicha concepción saltan a la vista: en una época de crisis social, económica y moral como la que vivimos, Occidente debe defender su europeísmo básico frente a las inmigraciones extranjeras «inasimilables». La negación de la índole multicultural de la historia justifica la negación de la índole multicultural de la sociedad europea en la cual, como en 1492 y 1933 gitanos e inmigrados de países islámicos son percibidos como cuerpos ajenos o enemigos potenciales, sujetos a una posible *limpieza* o *purificación*. Los ajustes de cuentas «históricos», propugnados en función de patrañas, mitos y leyendas, desembocan así en genocidios como el que, para vergüenza de todos, se ha consumado en Bosnia en medio del silencio y complicidad de nuestros gobiernos.

Cada cultura nacional, insistamos, constituye un árbol de múltiples raíces y todo escritor que tome a pechos su labor literaria parte de una realidad insoslayable: la del árbol cuya vida aspira a prolongar y, sobre todo, a enriquecer. Cuanto más alto, copudo, hojoso y ramificante sea, mayores serán sus posibilidades de juego y aventura y más vasto el campo de maniobras en cuyo ámbito emprenderá sus rastreos y búsquedas. El novelista o poeta que aspiren a dejar huella, a agregar un ramal o bifurcación a su árbol, no estarán sujetos a influencia particular alguna porque su voracidad literaria les vedará centrarse en un autor concreto, en un molde único: como Cervantes o Borges, ambicionarán saquear la totalidad del acervo cultural de su tiempo.

El maravilloso diálogo del autor con el árbol se llevará a cabo con independencia de los gustos y criterios de la época, abarcará el pasado como el presente —«la poesía, decía Lezama Lima, ve lo sucesivo como simultáneo»—, descubrirá las semillas de la modernidad en los mal llamados siglos oscuros, ahondará en las raíces y rizomas del tronco y sus conexiones con otras culturas. Empresa exaltante y perturbadora que, como prueba el ejemplo de Cervantes, transmuta sutilmente la locura del personaje contaminado por sus lecturas en la locura del autor contaminado a su vez por el poder atemporal y ubicuo de la literatura.

El escritor consciente de sus privilegiadas relaciones con el árbol, entablará un diálogo con los componentes heteróclitos que lo integran, desde los brotes más novales y tiernos a las raíces secundarias de donde brotan a veces los esquejes y plantas adventicias. Conforme profundiza en los sustratos en los que aquél crece y descubre su enlace soterrado con los demás árboles, arbustos y plantas del *bosque de las letras*, asumirá la tesitura libre y abierta de nuestros antiguos y auténticos modernistas: su obra será así crítica y creación, literatura y discurso sobre la literatura.

Un árbol tan vasto, complejo y frondoso como el de las letras castellanas —fuera de su triste periodo de sequedad «esencialista»— es un verdadero festín para el creador comprometido a fondo con su quehacer solitario: la multiplicidad de raíces grecolatinas, hebreas y árabes, sus mestizajes profundos, trasvases, metamorfosis, opacidades, misterios le brindan la posibilidad excepcional de expandir su propia creación, de extender a nuevas y enjundiosas áreas del bosque las reglas de su juego.

Volvamos al comienzo: la sociedad europea será multicultural en la medida en que lo es la propia cultura europea. Ocultar esto último es el punto de partida de una lógica que conduce al rechazo de la primera. Todos conocemos las consecuencias de los nacionalismos excluyentes y racistas que, con una máscara presuntamente europea, conducen al infame campo de concentración de Sarajevo y a los pogromos, linchamientos e incendio de viviendas de gitanos, turcos, árabes y otros inmigrados «inasimilables» en el propuesto espacio común, limpio y homogéneo. La voz de una gran poetisa como Nelly Sachs fue la respuesta frágil, pero perenne de la cultura a las fuerzas siempre activas de la barbarie.

(1994)

II.

Europa, en menos y más

La decisión de un jurado independiente compuesto de creadores y críticos de los diez países europeos miembros de la Comunidad Económica de concederme el Premio Literario Europalia 1985 puede resultar a primera vista sorprendente e incluso paradójica. No sólo mi españolidad parece a muchos, y a veces a mí mismo, dudosa, sino también mi europeísmo —pese a la circunstancia de haber pasado en París la mayor parte de mi vida adulta— es matizado e híbrido, lleno de injertos y burlona trastienda. La posible lista de reparos a mi persona y obra literaria sería larga y me esforzaré en resumirlos. Mientras el único lugar de nuestra Península en el que me siento en casa es el rincón más africano de ella —esa hermosa y cruel provincia de Almería, origen de una imborrable fascinación estética y mi incipiente rebeldía moral—, mi pasión e intereses de los últimos quince años se han centrado en gran parte en unos ámbitos literarios, culturales y humanos alejados simultáneamente de España y de la Europa en la que de ordinario vivo. Mi obra narrativa de madurez, podría alegar alguno, es exclusivamente castellana por su lengua y aun ésta es sometida a un varapalo despiadado y sacrílego: devuelta a su dimensión mudéjar, confrontada y agredida por otras lenguas, revuelta en una mixtura babélica y luego alquitarada o sustanciada por un irónico proceso de decantación. El espacio mental en el que se desenvuelven mis últimas novelas no es en efecto el de Barcelona ni Madrid sino el de Tánger o Fez, Estambul o Marraquech; y aunque París o Nueva York sirvan de escenario al periplo callejero de los antihéroes de *Makbara* o *Paisajes después de la batalla,* serán ciudades que muy pocos *wasps** o parisienses *de souche* reconocerán por suyas: urbes metecas, promiscuas, mezcladas, en las que la cultura occidental dominante parece licuar y amalgamarse, como un ingrediente más, en un heteróclito, abigarrado fusor.

¿Quiere decir todo ello que los respetables miembros del jurado se equivocaron y deberían haber otorgado el premio a otro escritor más español y europeo que yo? Sin detenerme en el examen ya inútil de mis méritos y deméritos respecto a un eventual candidato más apto para la circunstancia que

---

* White anglo-saxon protestant.

nos reúne, pienso con todo que el error aparente puede no serlo si examinamos las cosas con mayor detenimiento y profundidad. Pues los conceptos de español y europeo son a mi entender menos nodulares y estrechos de lo que los defensores de una hispanidad y europeidad restrictivas, involucionistas, sectarias se empeñan en hacernos creer: situándonos en una perspectiva más vasta, advertiremos pronto que si bien nuestro ingreso en la Comunidad Económica europea remata un atraso o arrinconamiento seculares y nos engarza a la dinámica del progreso, acaece sin embargo en un momento en el que la media Europa hoy reunida ha cesado de ser el eje del mundo y la noción de progreso es sospechosa y obliga a actuar con cautela en cuanto que puede ocultar una trampa. La aspiración española a la modernidad —política, económica, social, artística, literaria— se halla así en una encrucijada que cifraría en estos términos: ecumenismo o mera adhesión a un club más extenso que la Península, pero a la postre *regional*. La Europa en la que felizmente entramos deja en verdad fuera de sus fronteras a países que integran su espacio, historia y legado e incluso a continentes —un segundo, tercero o cuarto mundos— que a causa de su prodigiosa expansión científica, material e ideológica de los dos últimos siglos, han sufrido su influjo y, en mayor o menor grado, han sido formados o deformados por ella.

Como viejo español y recién estrenado europeo, quisiera abogar aquí y ahora por un ecumenismo o, si se prefiere, internacionalismo vinculado a mi concepción social y artística de la modernidad. Si algo define o simboliza ésta es su visión múltiple, simultánea y abierta del hormigueo vital, improvisación creadora de ese espacio fluido, en perpetuo movimiento que denominamos urbe, ciudad o medina. El habitante de la *civitas,* sin necesidad de viajar ni a veces salir de su barrio, verifica a diario que su cultura no es única ni obligatoriamente ejemplar; que de modo directo o solapado se halla expuesto a lo que Octavio Paz llama «venganza de los particularismos», al roce y contaminación de las demás. La curiosidad de lo ajeno ha sido en los últimos cinco siglos rasgo netamente europeo: con miras desinteresadas o egoístas, propósitos de conquista o estricto conocimiento, el europeo del norte ha vuelto sus ojos ávidos, inquisitivos, apasionados a las penínsulas del Mediterráneo, al mundo árabe, al dilatado, inasible, mirífico espacio oriental. Que dicha curiosidad presagiaba y a menudo abría el camino a las tropelías del imperialismo y la *aventura* colonizadora es algo bien sabido y no me demoraré en ello. Mas el afán cognoscitivo de la brillante pléyade de viajeros y cronistas atraídos por el espectáculo de la vida, historia, costumbres de los países del Nuevo Mundo, Asia, África, imperio otomano o nuestra somnolienta Península no debe ser condenado en bloque. En la medida en que la mirada de los demás forma parte del conocimiento global de nosotros mismos, la falta de curiosidad e inapetencia respecto a la cultura y sociedades ajenas es un índice de decadencia y pasividad. En lugar de ser sujeto contemplador de la múltiple, heterogénea riqueza cultural del mundo, el país afectado por este síndrome se convierte sin quererlo en mero objeto de contemplación. Lo ocurrido en España desde fines del XVII es elocuente y tendría que ponernos en guardia: en tanto que la posterior intervención hispana en el ámbito de otras culturas fue escasa e irrelevante, las naciones no ensimismadas en la busca de sus esencias y señas convirtieron nuestro letargo y estancamiento en tema fecundo de sus observaciones y análisis. Los sentimientos de simpatía e inmediatez que me empujaron a rastrear primero unas regiones de nuestro sur despectivamente motejadas de africanas e interesarme luego por el mundo árabe y sus diversas prolongaciones islámicas fueron así los de un español oreado por su larga residencia allende el Pirineo; de un español que, sin dejar de serlo, se había contagiado en Europa de una incitativa, estimulante curiosidad.

Mientras España vivió encerrada en sí misma y en un proyecto de vida anacrónico, sus escritores se acomodaron a una visión inmovilista y provinciana de las cosas: lenguaje purista, estilo *correcto,* reproducción monótona o exhaustiva de aquellos rasgos o elementos considerados genuinamente castizos. En vez de examinar la realidad desde una perspectiva fluente, no esencialista, *incompleta,* la mayoría de nuestros narradores, por ejemplo, circunscribieron el campo de sus experiencias a un mundo que presumían erróneamente hispano o se limitaban a reproducir por turno, con idéntica pereza y desgana, un modelo exterior de adaptación fácil: primero conductivista o social-realista, luego mítico-faulkneriano y por fin realista-mágico, a la manera de Rulfo o García Márquez. Olvidando que, como prueba el ejemplo magnífico del *Libro de buen amor* y el *Quijote,* sus autores se sitúan en una encrucijada porosa, llena de trasvases de géneros, tradiciones, culturas y lenguas y, por consiguiente, el hecho de que cuanto más rico, innovador y complejo sea un texto, mayores serán sus conexiones y *saqueos* al acervo universal de su época, nuestros autores de los últimos siglos no tuvieron en cuenta, salvo raras excepciones, la tesitura creadora de Juan Ruiz y Cervantes y se arrebujaron en una satisfecha mediocridad. Actitud introvertida o mimética, típicamente nuestras, pero de una *españolidad degradada* en cuanto no se ajustaba a las exigencias contemporáneas de ese museo o biblioteca imaginarios que abarcan hoy la totalidad de lo humano sin limitación de espacio ni tiempo.

Mi asimilación de la insaciable curiosidad europea me ha vuelto poco a poco español *de otra manera,* enamorado de las formas de vida, culturas e idiomas de distintas áreas geográficas, devoto no sólo de Quevedo, Góngora, Sterne, Flaubert, Mallarmé o Joyce sino también de Ibn Arabi, Abu Nuwas, Ibn Hazm o del turco-farsi Mavlana. En París y, a partir de él, en Nueva York y Marraquech, he aprendido a mirar mi cultura y mi lengua a la luz de otras culturas y lenguas y percibir así, por cotejo, sus virtudes y carencias, adaptaciones y componentes originales; romper, en una palabra, con la escala de valores al uso y forjar la mía propia en contraposición al supuesto modelo sagrado e inatacable.

Como expresé en fecha reciente, los callejeos de inveterado rompesuelas me han mostrado menos el cosmopolitismo que la pluralidad y convivencia de modos de vida, su contagio recíproco, el valor energético de la ósmosis: «El héroe de hoy, el animal urbano, comprueba que no hay culturas cerradas, uni-

formes, ovilladas al calor de su presunta autosuficiencia sino contrapuestas, mezcladas, ba-
tidas en un vasto y fascinante crisol; que la literatura —siguiendo las huellas de Picasso y su
curiosidad omnívora tocante al arte asiático y
africano— no puede ser ya exclusivamente
nacional ni siquiera europea sino revuelta, bastarda, fertilizada por los aportes de civilizaciones múltiples y diversas.» Modernidad de Joyce, de Pound, de Arno Schmidt, pero también
de Dante, Juan Ruiz, Rabelais, Cervantes, que
empieza a dar frutos enjundiosos en el campo
de nuestra novela y poesía, en la Península e
Iberoamérica.

Pero Europa —no la simbolizada por
un club acotado y con derecho reservado de
admisión—, la Europa educadora y abierta me
ha enseñado más: esa «independencia intelectual, moral y cultural» que me permitió escapar a los esquemas de intolerancia y mani-
queísmo tan arraigados en nuestra tierra; al
cainismo de la guerra civil íntima, sañuda y
pugnaz interiorizada sin saberlo por la mayoría
de mis coetáneos; a la rebeldía verbal que no se
traduce en hechos; al respeto castrador a las
normas y valores consensuados y escribir sin
rencor ni afán de escandalizar, con piedad y
comprensión frutos del libre examen aprendido en ella, una obra de las características de
Coto vedado.

«Los pueblos que alcanzaron un alto grado de prosperidad material —escribía en 1922 Antonio Machado— y también un alto grado de cultura, tienen un momento de gran peligro en su historia que sólo la cultura misma puede remediar. Estos pueblos llegan a padecer una grave amnesia, olvidan el dolor humano, su civilización se superficializa.»

La Europa a la que pertenezco y de la que me siento hijo no olvida las palabras de nuestro poeta: el europeo atento al latido de lo universal sabe que en virtud de la generalización de su técnica, civilización y modelos de comportamiento cualquier no europeo europeizado de buen grado o a la fuerza es, como observa el marroquí Abdellah Laarui, otro europeo como él pero *algo más,* puesto que posee otra dimensión cultural que a él le falta. Consciente de ello, ese europeo *en menos* compensará su inevitable carencia con un interés y preocupación reflexivos, embebidos de indignación y solidaridad con los dramas que asuelan el mundo extramuros de su continente arracimado y pequeño: hambre, explotación, guerras, racismo, opresiones totalitarias; ese europeo *en menos* evocará el horror del *apartheid,* la diáspora del pueblo palestino, la ocupación de Afganistán, los genocidios sucesivos de Indochina, la política norteamericana en Centroamérica, el derecho a la autodeterminación de las naciones del Este sojuzgadas por los acuerdos de Yalta. Sin olvidar, claro está, la suciedad que se acumula en su propio patio: extensión del paro, desempleo juvenil endémico, actitud xenófoba y discriminatoria contra los inmigrados procedentes de otras áreas geográficas...

A esta Europa del ecumenismo y modernidad me acojo: al número modesto, pero significativo de los *en menos* agreguen desde ahora en mi persona un europeo *más*.

(1985)

París, ¿capital del siglo XXI?

Cuentan las crónicas que al divulgarse la moda del existencialismo un goteo continuo de escritores y curiosos procedentes de media Europa en ruinas acudía al *Café de Flore* para descubrir una ausencia y contemplarse a sí mismos: la pareja formada por Sartre y Simone de Beauvoir había abandonado hacía tiempo el templo de su escritura a una patulea de curiosos y seudodiscípulos.

La anécdota resume a mi entender lo ocurrido en la pasada década a numerosos intelectuales en cierne y novicios de la pluma cuando, desde las cinco partes del mundo esta vez, acudían a la irresistible llamada de París, imantados por el poder convocador de unos nombres que desaparecían paulatinamente del cartel anunciador de su escena: tras los Camus, Merleau-Ponty, Céline, Malraux, muertos en los decenios precedentes, los ochenta barrieron despiadadamente a las estrellas que convertían a la ciudad en la metrópoli cultural por excelencia —Sartre, Barthes, Genet, Foucault, Char, Michaux, Lacan, etcétera— sin que el vacío creado por estas pérdidas fuera colmado con la emergencia de otras figuras de su misma talla e irradiación. De nuevo —y ahora en mayor escala—, quienes se habían instalado en ese islote urbano de unos pocos kilómetros cuadrados cortado en dos por el Sena, examinaban desilusionados la escena y acababan por mirarse unos a otros y reconocerse entre sí. Los supervivientes de la gran época y los autores de valía de las nuevas generaciones huían de las luces de la capital y se refugiaban en el anonimato voluntario en la periferia. Y, como en el *Café de Flore* treinta años antes, una barahúnda de escritores ambiciosos y mediocres ocupaban el gran escaparate de la vida cultural parisiense, aupándose unos a otros o compitiendo ferozmente entre sí en la arrebatiña anual de los premios y danza de los millones, prodigándose hasta el empalago en mesas redondas y entrevistas televisadas, cubriendo a fuerza de gesticulaciones y raudo abaniqueo de plumas el ámbito mercantil y destartalado en el que, salvo excepciones, desmedra la literatura francesa de hoy.

Cuando los personajes de una obra teatral se retiran del escenario, el público sentado en platea carraspea y bosteza o centra su interés en el espacio material en el que se desenvuelve la trama: el decorado que sirve de fondo a la vida, acciones y sueños de los héroes objeto de su envidia y admiración. Vacío de sus actores, París, el texto urbano de París, recupera entonces el protagonismo que unas figurillas inconsistentes y efímeras aspiran a arrebatarle. Los espectadores, al menos aquellos que buscaban en él un estímulo creador, descubren poco a poco que la vana agitación de un mundillo que se devora sin cesar a sí mismo o se eclipsa como tragado por una trampa no vale cosa comparado con la admirable energía de la ciudad que le sirve de marco: no de la acartonada *Ville Lumière* ni de ámbito intelectualmente prestigioso de Saint-Germaine-des-Prés, Montparnasse y el *Quartier Latin,* sino de los barrios populares, sin aureola artística alguna, en donde se desenvuelven nuevas formas de vida, nuevas propuestas de experiencia literaria y social, nuevos textos urbanos.

Los escritores extranjeros que desde hace más de un siglo se instalaron temporal o definitivamente en la ciudad, buscaban no sólo una relación enriquecedora con sus colegas parisienses sino también la manera de embeberse del espíritu de unos distritos de gran tradición literaria, en los que la concentración de plumas por kilómetro cuadrado era probablemente la mayor del mundo. Tras Gertrude Stein y los autores de la «generación perdida» —con sus ya clásicas evocaciones de un París refinado y culto, pulcro y acicalado, circunscrito de ordinario a los barrios distinguidos

de la *Rive Gauche*—, vinieron los latinoamericanos del *boom,* cuyos héroes se cruzaban en
L'Étoile con los modelos literarios de Proust,
como en una conocida novela de Carpentier, o
frecuentaban un universo bohemio de artistas, exiliados políticos y asiduos de los cafés
en boga como el Oliveira de Cortázar. Los protagonistas de otros exilios más duros, como el
español y el ruso, no produjeron obras maestras ni alcanzaron la celebridad de quienes se
rindieron a la fuerza avasalladora del mito. Pues
el París descrito en las obras de sus huéspedes
extranjeros es en efecto el concebido y trazado
por Haussmann: bulevares, amplias aceras, espacios vastos, elegantes galerías cubiertas, lugares todos ellos de los que el pueblo llano fue
barrido a escobazos en virtud de consideraciones estratégicas y decretos expropiadores por
razones de embellecimiento. La arquitectura
conminatoria y grave del Segundo Imperio,
un urbanismo destinado al control y vigilancia de la muchedumbre hacinada en las calles
estrechas, pero rebosantes de vida de los barrios pobres —convertidos en verdaderos núcleos autónomos dentro del protoplasma de la
nueva ciudad—, transformaron en unos pocos
años la capital promiscua, espontánea, fecunda,
pintada desde Rabelais a los cronistas de la
Revolución Francesa, en un territorio visible-
mente burgués, un cambio del que su mejor y

más elocuente testigo sería la poesía baudeleriana.

Los anales de la vida parisiense anteriores a Haussmann —con su evocación de la
mescolanza, escenas callejeras, hormigueo humano de los mercados— concuerdan de manera
asombrosa con la actual experiencia urbana de
algunos barrios, para mí familiares, de Marraquech o El Cairo. El poder no había rotulado las
calles, numerado las casas ni establecido el censo
de los habitantes; la vida diaria obedecía a una
improvisación generosa y anárquica; el espacio
público se confundía con el privado; todo ocurría
a la vista del público y continuamente ocurría algo. Las necesidades de la nueva burguesía y sus
aspiraciones a un ámbito exclusivo provocaron
complejas operaciones de limpieza y sanea-
miento: creación de áreas despejadas y zonas
de paseo o esparcimiento, expulsiones masi-
vas de pobres y «elementos asociales» a los guetos que Zola debía retratar más tarde. El nuevo
orden urbanístico no tardó en suscitar sus cronistas y bardos, en imponer y eclipsar, literariamente hablando, al que había sido circuido
de anchurosas avenidas o empujado a los arrabales. El brillo del París cosmopolita y culto,
con sus Exposiciones Universales y símbolos
magníficos de su poder atrajo así a un Babel
de escritores en busca de inspiración y acicate.
Sus glorias literarias y filosóficas —ficticias o

reales— formaban parte de su rica panoplia, figuraban en el repertorio de sus tesoros y bienes del mismo modo que sus museos, monumentos y estatuas. En uno de sus lúcidos ensayos sobre Baudelaire, Walter Benjamin cita una guía ilustrada de 1852, de la que espiga una significativa referencia a los pasajes o galerías cubiertas, definidos en ella como un «mundo elegante» y «en miniatura». El hecho de que un siglo y pico después, el más famoso de aquéllos, el *Passage des Panoramas,* fascinara al héroe de Cortázar prueba la vigencia y magnetismo en el ámbito literario de un modelo de urbanismo cuyos orígenes fueron manifiestamente clasistas. Si el «laberinto es la patria del que vacila», como dice con agudeza Benjamin, el espacio ideal del *animal urbano* de Baudelaire sería hoy más bien la amalgama de gentes y superposición de planos de los barrios parisienses permeables a la espontaneidad creadora de la medina.

La referencia al autor de *Las flores del mal* y al de *París, capital del siglo XIX* resulta aquí a todas luces indispensable. Si Baudelaire fue tal vez el primero en captar la esencia de la modernidad en la agitación y bullicio del tráfago parisiense, el choque seminal de costumbres opuestas, la identificación del comportamiento egoísta del hombre en medio de la multitud con el del animal depredador en busca de presa, la visión de la ciudad como selva, el sentimiento de precariedad inherente a la gran urbe, el esplendor y fragilidad de la misma puestos de relieve por el cataclismo renovador de la burguesía, la concepción profética y amenazadora de un mundo sobre el que planea la inminencia de la catástrofe, ello se debe al conjunto extraordinario de circunstancias que configuraron su experiencia social y artística. La aceleración vertiginosa de los cambios en el paisaje parisiense reducía las cosas a meras imágenes del recuerdo: todo concurría a subrayar la caducidad del presente y la incertidumbre de lo porvenir en un universo de zumbido y de furia, próximo al de Sade y al del autor de *La Celestina*. Pero dejemos la palabra a Baudelaire, a su texto consagrado al pintor Charles Meyron, cuya transcendencia no escapó a Benjamin:

«Rara vez he visto representada con mayor poesía la solemnidad natural de una ciudad inmensa. La majestad de la piedra acumulada, los campanarios que apuntan el dedo al cielo, los obeliscos de la industria vomitando sus coaliciones de humo contra el firmamento, los prodigiosos andamios de los monumentos en restauración, aplicando al cuerpo sólido de la arquitectura su arquitectura fugaz de belleza tan paradójica, el cielo tumultuoso cargado de cólera y de rencor, la profundidad de las perspectivas acrecentada por la idea de todos los dramas que abarca, ninguno de los elementos complejos que componen el triste y glorioso decorado de la civilización había sido olvidado.»

Volvamos al presente, esto es, a lo acaecido en los últimos treinta años, cuando el nimbo de París como metrópoli de la modernidad se engalanaba con una lista impresionante de hombres famosos en el campo del pensamiento, las letras y las artes. Quienes acudimos como falenas al brillo de la Ciudad Luz, huyendo de la opresión política y mediocridad cultural reinantes en las cuatro quintas partes del globo, tuvimos la oportunidad de admirar y aun de codearnos con los grandes actores del escenario cultural del que éstos formaban parte. Pues no lo olvidemos: se venía a París no sólo para visitar el Louvre, gozar del panorama de la torre Eiffel o el Arco del Triunfo, recorrer los barrios de solera como Saint-Germain-des-Prés y Montparnasse, asistir a las innumerables exposiciones y acontecimientos teatrales, atracarse de filmes en la Cinemateca, etcétera, sino también con la esperanza de entrever a Camus o a Sartre. Cautivados con la riqueza y majestad del cuadro, nos detuvimos a contemplarlo desde una especie de *presente intemporal*, no como Baudelaire, desde *la perspectiva desestabi-*

lizadora del cambio. Las novelas consagradas a
París centraban su atención en los elementos y
espacios de la metrópoli grandiosa diseñada
por Haussmann sin advertir la existencia dentro de ella de núcleos heteróclitos inasimilables
ni la lucha emprendida por el poder y los especuladores del suelo para eliminarlos en nombre
de la higiene y buen gusto. Durante los manda-
tos presidenciales de De Gaulle, Pompidou y
Giscard la empresa renovadora del Segundo
Imperio prosiguió con nuevos bríos: barrios
enteros, tildados de insalubres y vetustos, de-
saparecieron para ceder paso a complejos culturales *new look* como el *Centre Pompidou* o supuestamente clásicos como Les Halles. Áreas
hormigueantes de vida, llenas de estímulo para
el nuevo espécimen de animal urbano formado
por la vivencia y percepción simultáneas de
diferentes culturas y planos fueron sustituidas
por zonas adecentadas y pulcras, de acuerdo a
los ideales reguladores de una concepción ar-
quitectónica espectacular y un urbanismo de
fachada sin que ningún Baudelaire, extranjero
o francés, elevara la voz y transmutara el cataclismo en canto. Curiosamente, la cruzada emprendida por Chirac contra los distritos hete-
rogéneos en donde se gestan precisamente
nuevas formas de vida pluricultural y de experiencia urbana preparaba el terreno a la gran
exhibición teatral del Bicentenario y la meta-

morfosis de la metrópoli en un escenario inmenso pero de nuevo, para volver al ejemplo del *Flore,* irrisoriamente vacío. La cultura, esa cultura reivindicada por Elie Faure, «que no brota de los sistemas ni de los concilios ni de los dogmas sino de las entrañas de la vida en creación y movimiento», se había ido con el espíritu creador a otra parte.

La nueva *casa común europea* diseñada por los políticos se convertirá en una realidad dentro de poco y los dirigentes de la Comunidad deberán decidir pronto si su territorio será culturalmente homogéneo, esto es, un coto reservado a los ciudadanos de los países miembros del club, como preconizan los europeístas a ultranza, o bien abierto a la dinámica y variedad cultural del mundo moderno. En otras palabras: escoger entre un proyecto conservador, fundado en una visión estática de Europa como monumento y súmmum de la civilización y orientado a una gestión prudente de su patrimonio y otro articulado a partir del cambio y la conciencia de la caducidad concomitante a lo moderno —al hecho de saber que la cultura no puede ser hoy exclusivamente francesa, inglesa, alemana ni siquiera europea, sino plural, mestiza y bastarda, fruto del intercambio y la ósmosis, fecundada por el contacto con mujeres y hombres pertenecientes a horizontes lejanos y diversos. Una ciudad co-

mo París es el crisol ideal de dicho proyecto, a
condición de poseer los dones proféticos de Baudelaire y asumir con audacia su visión incitativa de la modernidad.

La extraordinaria rapidez de los medios
de comunicación ha arrimado las culturas unas
a otras y convertido la distancia en provechosa
inmediatez. Los pasajes contiguos a la Rue du
Faubourg Saint-Denis o la Place du Caire son
un ejemplo fulgurante de las colisiones espa-
cio-temporales provocadas por la llegada de
comunidades laboriosas enteramente distintas
de aquéllas para los que fueron concebidos: elementos decorativos estilo Segundo Imperio y
aromas de cocina turca o paquistaní. Cuando
hace unos años intenté condensar y dar forma
al cúmulo de experiencias producto de mi larga residencia en el barrio del Sentier, había asimilado ya de manera más o menos consciente
la lección baudeleriana y descifrado un texto
urbano, rico en componentes alógenos, con la
ayuda inapreciable de Benjamin:

> «El hormigueo de la calle, su frondosidad
> creadora, le procuran diariamente (al héroe)
> un espectáculo continuo, variado y gratui-
> to. En la Rue d'Aboukir o la Place du Caire,
> como en la Porte de Clignancourt o la Gout-
> te-d'Or, saborea la presencia fluida e ince-
> sante del gentío, su movilidad desordena-

da, su diáspora febril por la rosa de los vientos. La paulatina deseuropeización de la ciudad —la emergencia de zocos y hammams, venta ambulante de tótems y collares, pintadas en árabe y turco— le colma de regocijo. La complejidad del ámbito urbano —ese territorio denso y cambiante, irreductible a la lógica y programación—, invita a cada paso a trayectos versátiles, que tejen y destejen, lienzo de Penélope, una misteriosa lección de topografía. Los modestos ilotas de la difunta expansión económica han raído con ellos los elementos e ingredientes necesarios a la irreversible contaminación de la urbe: aromas, colores, gestos, un halo de amenazadora proximidad. Nuestro excéntrico personaje ha advertido que no es necesario coger el avión de Estambul o Marraquech en busca de exotismo: basta con salir a estirar las piernas para topar inevitablemente con él. La transparencia y brutalidad de las relaciones sociales del Sentier, su creciente confusión de lo público y lo privado, configuran lentamente un mapa de la futura ciudad bastarda que será al mismo tiempo el mapa de su propia vida. Los cartones y barajas con que los trileros de Xemaá el Fná sonsacan los cuartos a los incautos, han bajado desde Barbès a las aceras del bulevar y se extienden poco a poco, como una plaga, por los barrios concurridos por el gran mundo. La megalópolis moderna vive ya a la hora de Bizancio: con un poco de suerte, se dice, llegará el día en que los verá confluir por los tentáculos de l'Étoile hasta los pies del sacratísimo Arco de Triunfo.»

Si el escenario oficial de París carece de nuevos alicientes fuera de la permanente exhibición de su colosal patrimonio ello obedece al hecho de que, al reivindicar su papel de faro de la civilización, su propuesta cultural se ha trasladado a otro campo: el desafecto de los escasos pero auténticos creadores a su cultura de escaparate es un síntoma del cambio operado en los últimos años y de la búsqueda a tientas de una expresión literaria intercontinental y mestiza, fecundada por los aportes de un mundo sin fronteras al ámbito privilegiado de la ciudad. París, no el de los monumentos grandiosos y barrios serenos para turistas, jubilados y viudas de guerra, sino el de la convivencia seminal de culturas y etnias —precario y constantemente amenazado por el chovinismo eurocentrista excluyente y el piquete destructor de la homogeneización al servicio de los promotores inmobiliarios—, invita en efecto a la creación de textos urbanos políglotas y abigarrados, en los que la conjunción de elementos diacrónicos, musicalidad y polifonía no serán ya meros ingredientes de una propuesta artística sino de una experiencia vital y única de la modernidad. «¿Quién de nosotros, escribió Baudelaire, no ha soñado, en sus días de ambición, en el milagro de una prosa poética, musical sin ritmo y sin rima, lo suficientemente flexible y contrastada para adaptarse a los movimientos líricos del alma, a las ondulaciones del ensueño, a los sobresaltos de la conciencia? Es sobre todo la frecuentación de las ciudades enormes, del cruce de sus innumerables conexiones de donde nace este ideal obsesivo.»

(1990)

Planta del desierto

Hace aproximadamente una decena de años me propuse componer un ensayo sobre el *Libro de buen amor* del Arcipreste de Hita. Aunque no soy experto en la historia, lenguaje ni corrientes literarias de su época, mi cala de mero aficionado en la obra había avivado no sólo mi natural apetito de lector sino también los mecanismos internos de génesis y asociación preliminares de la empresa novelesca. ¿Cómo un autor tan remoto y a primera vista ajeno a nosotros podía cautivar mi atención e imponerse de pronto a mis ojos como un paradigma de modernidad? La desdichada segregación de los profesores de literatura en compartimentos estancos, el desconocimiento recíproco entre medievalistas y estudiosos de las corrientes más vivas de la novela del siglo XX, explican en parte mi desconcierto. Mientras los primeros, en lugar de arrimar al presente las obras que examinan con lupa y destacar aquellos elementos y rasgos de las mismas que las convierten a veces en contemporáneas nuestras, se empeñan a menudo en envolverlas en una cáscara de erudición que las priva de su sabor y desvirtúa su enjundia, los segundos —analistas de la admirable constelación cervantina que va de *Tristram Shandy, Moll Flanders, Jacques le fataliste, Picwick Papers* y *Bouvard et Pécuchet* a las obras mayores del siglo XX—, ignoran a su vez que numerosos ingredientes artísticos e invenciones de esa novela que se crea y descrea, poniéndose siempre en tela de juicio, aparecen ya en diversas creaciones de los llamados «siglos oscuros» y de escritores que, en virtud de su singularidad irreductible, escapan a los modelos y cánones renacentistas y neoclásicos imperantes en Europa, especialmente en los países latinos, por espacio de casi tres siglos.

El crítico español más agudo de la primera mitad del XIX —me refiero, claro está, a José María Blanco White— había captado no obstante dicha inmediatez en las páginas luminosas que consagra a *La Celestina:* las grandes composiciones medievales, dice en síntesis, se produjeron en un contexto de amplia libertad cultural, sin ningún género de trabas ni normas restrictivas. Su elaboración por el autor parece obedecer a un proceso natural —nosotros diríamos orgánico— a partir del cual la obra crece y se desarrolla por sí sola, de una manera irrepetible y única. Inútil decir que Blanco White predicaba en el desierto: para los críticos embebidos en el gusto renacentista y neoclásico, marcados por su culto amanerado a la armonía o belleza y a unos géneros estrictamente codificados, tales textos resultaban informes, caóticos, incomprensibles. La descalificación por «monstruosidad» de *La lozana andaluza* por parte de don Marcelino Menéndez Pelayo, respondía tanto a sus prejuicios morales como a consideraciones de índole artística: el desfile incesante de personajes, mezclas idiomáticas, intervenciones arbitrarias del autor, alacridad y crudeza de los diálogos, etcétera, eran desde el punto de vista de la decencia y convenciones narrativas casi universalmente acatadas en su época, obscenidad y puro galimatías. Pero Blanco White tenía razón: el impulso creador de la España medieval cuya originalidad no tiene equivalencia en ningún país europeo, sufrió un golpe mortal no sólo a causa de la Inquisición sino también con la llegada y aclimatación en nuestro suelo de los modelos importados de Italia y de la corte del Rey Sol. Únicamente el fulgor creativo de algunos autores —lo que he denominado en otra ocasión «reino de las excepciones geniales»— supo engarzar desde entonces con la «rareza» y «anomalía» del *Libro de buen amor,* el *Corbacho* y *La Celestina,* preservando así la existencia y continuidad del árbol de nuestra literatura: San

Juan, Cervantes, Quevedo, Góngora —por citar unos pocos ejemplos— fueron en efecto los mirlos blancos merced a los cuales la literatura castellana manifiesta su vigor y grandeza en este perturbador final de milenio. Si sus antecesores de muy diverso origen pueden rastrearse sin dificultad, no dejaron en cambio tras sí, al menos en España, descendencia alguna. La invención cervantina, cuyas raíces se nutren del espacio abierto y plural de la España de las tres castas, no pudo ejercer su influjo vital en el barbecho improductivo de la Península durante su largo periodo de «vacaciones históricas». Fecundó, eso sí, la totalidad de la novela europea incluida Rusia, pero no engendró entre nosotros sino quisquillosos o indotados cervantistas hasta su reintroducción en las últimas décadas a través de los narradores de Iberoamérica.

La modernidad percibida por Blanco White es del mismo orden de la que descubrí con maravilla al examinar los bajorrelieves de Abú Simbel y las estatuas de las primeras dinastías egipcias en el museo de El Cairo: ¡su contemporaneidad con Picasso y Giacometti saltaban a la vista! Después de experiencia tan feraz, la visita al museo de Atenas me resultó triste y desaborida: los Apolos y Venus frígidos que configuran el arte clásico occidental pertenecen en verdad a una época distinta de la mía, como el verso pulido de nuestros bardos renacentistas, neoclásicos o románticos o el teatro de Lope de Vega. ¿Cómo explicar semejante fenómeno? ¡La modernidad obedece a unas razones que la cronología ignora! Clasificar esquemáticamente la literatura que llamo *viva* en función de periodos históricos y áreas geográficas o estatales es condenarse a no aprehenderla. La contemporaneidad de una obra fluye a través de los siglos y no admite fronteras en el ámbito de su lengua. Hablar de literatura española —y, peor aún, andaluza, asturiana o extremeña—, contraponiéndolas a la argentina, cubana, mexicana o chilena es sólo una receta cómoda para quienes confunden la estructura de la obra literaria con la entomología, pues las conjunciones sutiles pero reales de los creadores más interesantes se establecen por encima de los Estados y nacionalismos de campanario. En lo que toca a la novela, existen simplemente autores que adhieren a los códigos narrativos heredados del XIX —personajes «reales», verosimilitud, tiempo histórico, diálogos teatrales— y otros —escasos, es verdad— para quienes el lenguaje es por principio problemático y a causa de ello ordenan sus textos conforme a principios enteramente distintos, al margen de unas convenciones constrictivas y, a fin de cuentas, trasnochadas. El compartimento territorial de la literatura puede aplicarse en rigor a los se-

gundones y epígonos que cultivan una temática «nacional» como única señal distintiva,
pero no a los creadores que se introducen por
escalo y fractura en el fascinador campo de
maniobras forjado por Cervantes. Mis afinidades con los autores medievales menciona-
dos y la banda de *rarae avis* que emprenden
un vuelo aparte desde el desmoche brutal de
nuestra literatura o con una docena de coetáneos nacidos al otro lado del Atlántico son
desde luego mucho más íntimas que las que
me unen a muchos novelistas peninsulares, sin
duda respetables, pero cuya concepción del
género se sitúa en los antípodas de la mía. Tanto
cuanto el resultado de la auténtica aventura literaria trasciende las coordenadas de espacio y
tiempo, tanto más inane será el esfuerzo de
juzgarlo de acuerdo a éstos. La literatura —con-
trariamente a lo que creían hace decenios los
espíritus progresistas y a lo que propugnan
hoy nuestros programadores culturales— es
el reino de la anomalía.

Pero retomemos el hilo y volvamos al
proyectado estudio sobre el *Libro de buen amor.* La
idea de su composición nació en Marraquech
después de uno de mis cursillos universitarios en
Nueva York, cuando vislumbré de repente que
el contexto ideal para la lectura de Juan Ruiz
sería precisamente la plaza de Xemáa el Fná: el
universo heteróclito que abarca, con sus jugla-

res, mercaderes y buscavidas, es, salvando las distancias, el del Arcipreste y de Rabelais. Barrido por razones de higiene conforme a las necesidades y gustos de la nueva y floreciente burguesía, su conservación milagrosa en Marruecos me concedía el privilegio de revivir en un mundo cercano a aquel en el que fue escrito. Mis notas introductorias a este ensayo sobre el *Libro de buen amor* a través del prisma de su contemporaneidad, se transformaron poco a poco en la *Lectura del espacio en Xemáa el Fná,* germen de mi novela *Makbara.* Inmerso en el mundo del Arcipreste, me convertí yo mismo en Juan Ruiz o el *halaiqui* que recita su historia de buen amor circuido por un anillo de espectadores en el cariñoso sol invernal de la plaza.

Una vez más, mi acercamiento obsidional a una figura primordial del árbol de nuestra literatura se había transformado en el núcleo seminal de una novela. Puesto que, como advirtieron ya los formalistas rusos, toda obra aparece en un universo poblado de obras cuya existencia prolonga o modifica según acate o eluda el canon literario dominante, mi aventura creadora a partir de *Don Julián* ha sido una confrontación, ya en términos de antítesis, ya de apoderamiento, con diferentes autores cuya singularidad y lozanía escapan a las leyes del tiempo y los incluyen en el bando de mis coetáneos. El descubrimiento *a posteriori* de que la incursión alevosa de mi héroe con un puñado de insectos en la biblioteca española de Tánger cumplía la misma función que el escrutinio de la de don Quijote por el cura y el barbero —esto es, la de introducir la crítica literaria en el *corpus* de la novela— me mostró mis conexiones profundas con quienes, rechazando los criterios e ideas comunes de la época, afirmaron su condición incómoda de excepciones y anomalías. Escritura impregnada de Góngora en *Don Julián;* de Delicado, Cervantes y Sterne en *Juan sin Tierra;* de Juan Ruiz en *Makbara;* de Flaubert lector del *Quijote* en *Paisajes después de la batalla;* de San Juan de la Cruz y los poetas sufíes en *Las virtudes del pájaro solitario.* Una red cuidadosamente tramada de afinidades y querencias alimentaba mi voracidad creadora e inducía a excavar el subsuelo en donde arraiga el prodigioso árbol y adentrarme, cuando el propio texto lo exigía, en el ámbito de las diversas culturas que lo sustentan. Mi alejamiento físico de España se ha compensado de este modo con un contacto casi fusional con el *corpus* escrito de su lengua y mi inmersión en otros espacios culturales —París, Nueva York, Estambul o Marraquech— en donde se gestan hoy, como he escrito en otro lugar, «textos urbanos políglotos y abigarrados en los que la conjunción de elementos diacrónicos y sincrónicos, musicalidad y polifonía, no son ya meros ingredientes de una propuesta artística sino de una experiencia vital y única de la modernidad».

La posibilidad de ver y juzgar el idioma propio a la luz de otros idiomas es sumamente enriquecedora para el artista: gracias a ella dispone de la facultad de comparar lenguas de estructuras distintas y descubrir el genio propio de cada una de ellas. El relativismo, la pluralidad de perspectivas y experiencias, facilitan el abandono de las escalas de valores consensuadas, una percepción mucho más neta de los elementos y rasgos originales de la cultura propia, una saludable afirmación de los principios personales del creador frente a las modas de su sociedad y de la época. El novelista abierto a otras culturas tomará de ellas cuanto convenga a su tarea sin pararse en consideraciones chovinistas de «esencialismo» y pureza. En la medida en que éstos conducen a la esterilidad —una cultura no es sino la suma total de las aportaciones e influjos que ha recibido a lo largo de su historia—, extenderá su curiosidad insaciable a los territorios lingüísticos en los que penetra, buscando en ellos lo que le sirve y asimilándolo sin pudor.

Citar «incorrecciones», extranjerismos sintácticos, barroquismo expresivo o empleo de un *español extraño,* como leo a veces en los artículos que algunos reseñadores me consagran, es normal en la pluma de quienes, ajenos a una perspectiva general y evolucionista, confieren a sus criterios lingüísticos un valor sustancial, perdurable. La historia de nuestra literatura, desde la primera gramática de Nebrija hasta la fecha, está llena de observaciones y reparos de este índole a una impresionante lista de autores que abarca de Delicado, Cervantes y Góngora a Clarín y Valle-Inclán. Dejando de lado el hecho oportunamente evocado por Américo Castro de que tanto el creador del *Libro de buen amor* como el del *Quijote* reivindicaron de modo expreso su singularidad y rareza, resulta obvio que las empresas literarias de mayor audacia y enjundia debían sonar extrañas a los oídos inadaptados a su escucha. Si Garcilaso italianizó el verso castellano y Góngora latinizó el léxico y sintaxis de *Soledades,* los recientes estudios de *Cántico espiritual* —tan bellamente analizado por Collin Peter Thompson— prueban que San Juan de la Cruz semitizó su poema a tal punto que una lectura en profundidad del mismo no puede prescindir ya, no sólo de su intensa trabazón bíblica, sino de sus misteriosas convergencias y afinidades con la enigmática y refinada poesía sufí.

Mi estrecho contacto de los últimos veinte años con el mundo árabe me ha revelado la importancia primordial del ritmo e incluso la rima en la prosa de sus escritores, la desconcertante ambigüedad y polisemia de su lengua, estructura dúctil de sus raíces, fluctuaciones verbales abruptas y en apariencia caóticas. El poeta puede jugar con estas últimas con una libertad inconcebible en el contexto de las lenguas indoeuropeas, valerse de una plurivalencia y variedad de matices que los sufíes, por ejemplo, han aprovechado y desenvuelto de manera magistral. Según descubrí perplejo, el verbo delirante e incoherencias sintácticas aclimatadas a partir de Rimbaud en la poesía europea existían en Ibn Al Farid seis siglos y medio antes.

Volviendo a San Juan, sus presuntos «dislates» e incongruencias dejan de serlo en cuanto los relacionamos con la expresión poética de la mística semita en su doble vertiente musulmana y judía. Como el anónimo del *Mio Cid,* don Juan Manuel y el Arcipreste de Hita, San Juan es un autor mudéjar que transmite su sutil experiencia religiosa en unos versos cuya simbología, movilidad y polisemia convergen sorprendentemente, como señala Luce López-Baralt, con los de la poesía de Al Hallax, Ibn Arabi o Xalal-ud-din-Rumi.

La extraordinaria libertad creativa de nuestra literatura medieval, su actitud receptiva tocante a otras culturas y lenguas, su mestizaje fecundo han contribuido a mostrarme el camino de la modernidad y convertido de modo paulatino en un autor mestizo, mudéjar: mudejarismo a la vez literario y vital, inspirador directo de mi empleo, erróneamente atribuido en exclusiva a un experimentalismo de vanguardia, de un conjunto de procedimientos narrativos —ruptura temporal, digresiones aparentes, metamorfosis de los personajes, disposición autónoma de las partes en la armazón del conjunto— conocidos de los lectores del *Libro de buen amor* y *La lozana andaluza*. Mudéjares también los cambios de registro tonales del narrador, quiebros y oscilaciones del relato, uso de términos y oraciones foráneos, integración festiva de diferentes «emisores» y discursos en las páginas de *Makbara, Paisajes después de la batalla* y *Las virtudes del pájaro solitario,* como una evocatoria de su engarce real con la literatura prerrenacentista.

«La expresión oral de la obra literaria, vigente incluso después de la invención de la imprenta, pero descuidada más tarde por la mayoría de escritores en prosa —escribí en un ensayo reciente—, enlaza de nuevo, a través de los siglos, la literatura moderna más significativa con la de nuestros creadores medievales: novelistas como Biely, Joyce, Céline, Gadda o Arno Schmidt compusieron sus obras para un público ideal que, además de leerlas, debía adiestrar el oído a su escucha. Tratar a las palabras desvitalizadas o muertas del diccionario como organismos vivos, reactualizar la experiencia fónica de Juan Ruiz o Fernando de Rojas responde a las exigencias de la contemporaneidad interpretada y sentida por los escritores más conscientes y lúcidos.»

Antes de Gutenberg, la difusión de los textos narrativos o poéticos se hacía de ordinario por vía oral y grandes obras de nuestra literatura fueron escritas para ser recitadas. *Juan sin Tierra, Makbara, Las virtudes del pájaro solitario* y otras novelas mías y de algunos escritores afines como Fuentes, Cabrera Infante, Sarduy y Julián Ríos, empalman con esta tradición. Una de sus mejores lecturas sería una lectura en voz alta: ésta permitiría modular los diferentes registros vocales, parodiar los discursos políticos o publicitarios, recurrir al énfasis y a la ironía, recrear la compleja estereofonía de voces del texto concebido como ciudad.

Tradición y modernidad no son pues términos excluyentes ni antitéticos: mi aprendizaje y el de otros creadores abiertos a horizontes más amplios tanto en el tiempo como en el espacio, apunta más bien a la idea opuesta. En una época literariamente tan árida como la nuestra, cuando el noventa por ciento de la humanidad sigue sin tener acceso real a los libros y la gran mayoría de quienes podrían enriquecerse con ellos los desdeña en favor del último *gadget* técnico vegetando así en un voluntario analfabetismo, esta conexión soterrada con las obras más originales y audaces de otras culturas y tiempos permite al escritor, como a las plantas del desierto cuyas raíces saben abrirse paso en el entorno petrificado en el que las más superficiales se secan, calar en las zonas profundas en busca de la preciosa veta que lo alimenta.

¡Planta del desierto!

¿Hay acaso mejor definición del escritor de hoy —ese raro individuo en vía de extinción en la esterilidad cultural y moral de un mundo paulatinamente vuelto de espalda al fulgor de la palabra— que esa especie vegetal que con paciencia y tenacidad conquista su derecho a la vida y nos admira con su escueta pincelada de dolor en un paisaje de arena, piedra, espejismos, muerte y asolación?

(1992)

Lectura y relectura

Hace aproximadamente año y medio, un funcionario de nuestro inefable Ministerio de Cultura me llamó para invitarme a intervenir en un coloquio de escritores que debía celebrarse en Lisboa. Como su propuesta no despertaba mi entusiasmo, el oficial, con el buen propósito de convencerme, agregó: «Asistirán a él más de cuarenta y cinco autores.» La cifra, en vez de saberme a gloria y subirme al séptimo cielo, me anonadó. «¿Cómo diablos, me dije para mis adentros, puede haber a la vez en un solo país cuarenta y cinco escritores?» Quizás en la totalidad del mundo, puestos a ser optimistas, la cifra fuera plausible. Pero en una España en la que, por ejemplo, no hubo ni uno de verdad en todo el siglo XVIII, resultaba absurda de toda absurdidad. Una nación que cuente en un momento dado con tres o cuatro escritores llamados a perdurar es una nación sumamente afortunada. El salto cuantitativo del responsable del Ministerio de Cultura no obedecía con todo a ensueños de grandeza ni chovinismos patrióticos: reflejaba un error muy extendido en el *campo crítico* de la prensa escrita y demás medios de información.

Existe en España, como en todos los países en donde hay una más o menos próspera industria del Libro, una confusión lamentable entre el texto literario y el producto editorial y, lo que es más grave, una tendencia de los reseñadores y programadores culturales a descuidar o silenciar el primero en favor del último. Siempre que he planteado este tema en público, alguien, crítico o lector, me ha dirigido con razón la pregunta: «¿Con qué criterio distingue usted uno del otro?»

Aunque la respuesta sea en sí compleja, puede ser formulada con nitidez en términos simples: en la exigencia o no de su relectura. El producto editorial, especialmente el confeccionado con esmero, satisface a punto el apetito del lector y se deja consumir, digerir y evacuar como las hamburguesas de nuestras hamburgueserías: fabricado para entretener a un lector pasivo, sale de su conciencia con la misma facilidad con la que penetra. En ese *best seller*, punto de mira de la industria editorial y de cuantos autores, expresamente o no, cifran en él su codiciada meta: la conquista del mayor número posible de lectores.

Ahora bien, como observó con lucidez André Gide, «lo que se comprende en un abrir y cerrar de ojos no suele dejar huella» y este producto editorial de asimilación instantánea está condenado de ordinario al olvido, exceptuando aquellos casos en los que una feliz combinación de ingredientes le permite mantenerse durante años y aun decenios en el cuadro de honor de la subliteratura.

A diferencia de él, el texto literario no aspira a un reconocimiento inmediato ni a la instantánea seducción del público. No busca lectores sino relectores y a menudo, cuando éstos no existen, se ve en la obligación de inventarlos. En lugar de moverse en un ámbito conocido de antemano y de acuerdo a unas reglas familiares al habitual destinatario, el escritor que ambiciona dejar huella y añadir algo al árbol frondoso de la literatura no vacilará en desestabilizar al lector, obligándole a internarse en un terreno ignoto y proponiéndole de entrada un juego de reglas totalmente desconocido. El desconcierto inicial de aquél, su trayecto a tientas por un espacio inexplorado y carente de balizas identificatorias, su necesidad de dar vuelta atrás a fin de descubrir las leyes secretas que configuran el nuevo territorio abierto por el libro, estimularán su goce de lector, le impulsarán a colaborar con el autor en la apropiación de su innovadora propuesta artística. Imperceptiblemente, el lector se convertirá en relector y, gracias a ello, intervendrá activamente en el asedio y escalo del texto leído y releído. A la postre, el autor de la obra literaria no sólo crea ésta sino también, insisto, un público hecho a su medida.

Yo, en cuanto lector, he sido forjado por docenas y docenas de autores cuyas novelas y poemas, rebeldes a experiencias literarias anteriores, me obligaban a enzarzarme con ellos en un cuidadoso y singular cuerpo a cuerpo. Ese temple de lector nuevo, originado por textos de la enjundia del *Libro de buen amor, La Celestina, La lozana andaluza,* el *Quijote, Cántico espiritual* y *Soledades,* ha sido determinante en la elaboración de mi propia escritura. Lo que he buscado en ellos y exigido a sus autores me lo he impuesto a mi vez a mí mismo, forzándome así a cambiar de destinatario ideal del libro: no el lector ordinariamente satisfecho con una lectura, sino el relector constreñido a forcejear con el texto, a extraviarse en sus vericuetos y rastrear su elusivo camino en un incitante proceso de reconstrucción. Experiencias en serie de lector y de autor que han trastornado en los últimos veinticinco años mi vida y concepción del texto escrito: el paso de la novela fabricada según los cánones del género a un tipo de obra que crea, a medida que se desenvuelve, sus propias leyes. Hace unos meses, un joven se acercó a mí y me dijo: «He leído su última novela y me ha gustado.» «¿La ha releído usted?» «No.»

«En este caso, o bien es usted un mal lector o yo he escrito un mal libro.»

Desde *Reivindicación del conde don Julián*, escribir es para mí una aventura del mismo orden que la lectura creadora a que me refería. Mientras en mis novelas de juventud partía de planes trazados de antemano, con personajes y situaciones creíbles y bien delimitados, las que he compuesto después son una auténtica apuesta: iniciar el texto a partir de una frase o imagen sin saber adónde me llevaría la pluma. Incertidumbre creadora que deja crecer y desarrollarse orgánicamente la novela con una mínima intervención del autor, conforme al lapidario dictamen de Genet sobre la escritura de su tiempo: «Si se conoce de antemano el punto de partida y el de llegada, no puede hablarse de empresa literaria sino de trayecto de autobús.» Merced a mi voraz apetito de lector avezado a la cala en textos sustanciosos, difíciles y, a primera vista, opacos, he pasado de la escritura heredada a la concebida como una aventura que se prolonga en manos del lector, de ese relector nuevo, producto de toda obra aguijadora y rica. Pues mientras la inmensa mayoría de libros halla al parecer un público ya hecho, los textos a los que me atengo se abren paso con lentitud hasta encontrar e inventar el suyo. ¿Quién podía leer *Los Cantos de Maldoror* o el *Ulises* joyciano cuando fueron escritos? Hubo que esperar años o lustros para que surgieran al fin lectores-relectores capaces de comprenderlos, como una continuación lógica del proceso desencadenado por la escritura. Con diez, quince o cuarenta años de retraso estas obras han encontrado no obstante su destinatario.

Lo que separa a la pléyade atemporal de creadores de textos del común de los escritores aupados por la crítica y plebiscitados por el público, es el hecho de percibir como obra extinta o caduca la que para éstos se presenta aún con apariencia de vida. El autor innovador insensible a los aplausos y reproches de sus contemporáneos, sabe que se halla rodeado de colegas muertos —por mucho que se agiten, se acumulen honores y premios y aspiren, como algunos académicos sin fuste, a la gloria de la inmortalidad.

Si se me permite parafrasear a Bergamín para hablar de los primeros, *su mundo no es de este reino*. El mío, por ejemplo, se halla disperso en una constelación de anomalías y excepciones literarias ajenas a las modas y leyes de la época; en los cementerios en donde los escritores que perduran vivos y lozanos ilustran mis pasos con su luz al cabo de los siglos —no en el escenario de la gran farándula de sombras carentes de identidad y cuyas huellas serán despiadadamente borradas. Esta comunión con los vivos por medio de la palabra escrita desconoce fronteras y épocas. Me une a los autores cuyas obras he mencionado y a otros de culturas y áreas diversas: a Ibn Arabi e Ibn Al Farid, a Rabelais, a Swift, a Flaubert y Biely, a Svevo y Céline, a Arno Schmidt y Lezama. Su fulgor me acompaña doquiera que vaya en ese universo de espectros fugaces de nuestra vocinglera y mediocre literatura contemporánea. Sólo quien atraviese su corteza para llegar al «núcleo del núcleo» y entre en posesión de su verdad sin atender a la escala de valores de la tribu, encontrará esta voz única, irrepetible, que se distingue de las otras por su rareza y desalienta la imitación o remedo por el habitual cortejo de epígonos. La historia de la literatura, de cada literatura, es la de esas voces inconfundibles que a lo largo de los siglos parecen dialogar entre sí y nos cautivan con la magia de su singularidad.

Llegados a este punto, me veo obligado a hacerles una confesión: desde hace bastantes años —¿diez, doce?— no leo o leo apenas: releo. Acuciado por la edad y conciencia de la necesidad de repartir el tiempo entre las cosas para mí primordiales como son escritura, amistad, viajes, sé que no dispongo sino de un lapso limitado para consagrarme a los libros. ¿Cómo desperdiciarlo entonces en obras cuyo interés se agota en una lectura y se consumen sin provecho? La relectura y sólo la relectura acompaña mis horas de asueto, cuando debiendo viajar por razones profesionales durante semanas o meses me veo en el brete de escoger una pequeña biblioteca portátil. Les expondré la que me llevé a Irán y las Repúblicas soviéticas de Asia Central en el último rodaje de *Alquibla*: el *Quijote*, *Bouvard y Pécuchet*, *Petersburgo*, *Terra nostra*, *Oppiano Licario*, el *Cántico espiritual* y una excelente antología inglesa de poetas sufíes, árabes y persas. ¿Quiero decir con ello que me he cerrado por completo a la lectura de las obras que se publican hoy en España y fuera de ella? No del todo. Cuando una de las personas de quienes me fío me recomienda un libro, asegurándome que lo leeré, acepto el riesgo de enfrascarme en él, pero si mi interés no se extiende más allá de su lectura, doy por perdido el tiempo y retiro mi confianza literaria al asesor. ¡Para ese viaje, como dice el refrán, no se precisan alforjas!

El escribir para ser releído impone al autor una ética particular de orgullo y sacrificio cuyos elementos primordiales expongo a continuación. Renuncia a la vanidad y a las glorias y recompensas del mundo. Orgullo secreto de saber que crea algo nuevo y devuelve a la cultura a la que pertenece, como escribí hace ya algún tiempo, «un idioma distinto del que recibió de ella en el momento de emprender su creación». Inmunidad a los flechazos de la crítica y aceptación de éstos en su fuero interno como elogio indirecto a su fecundo desvío. Acercamiento a la moral de la *malama*, la de esos sufíes que, a fin de rehuir el elogio y mantener su busca de la perfección secreta, adoptaban una conducta pública que suscitaba en torno a ellos la reprobación y la condena. «Si tienes la posibilidad de ponerte en una situación que te convierta en sospechoso de robo, haz cuanto puedas para meterte en ella», escribió uno de sus guías. ¿No robó acaso, hizo el elogio de la traición y reivindicó con altivez su homosexualidad el autor de *El balcón, Para un funámbulo* y *Nuestra Señora de las Flores* al emprender una obra rigurosa y señera, cuyo ejemplo me ha iluminado en los momentos cruciales de mi vida?

Releer un libro es aceptar gozosamente la propuesta contaminadora de su autor. Ningún creador como Cervantes supo captar este poder inmanente a la literatura, capaz de transformar a los personajes del *Quijote* en seres distintos, contagiados por las novelas que leen hasta el punto de querer emular a sus héroes y lanzarse a aventuras por descabelladas que fueran. Cervantes secularizó sin saberlo el poder suasorio del discurso religioso, de la palabra revelada a los profetas, transmutando la literatura en una especie de religión laica, de creación puramente humana, aunque dotada de una trascendencia próxima a la de aquélla. Su experiencia modélica, como la de los grandes poetas místicos desde Ibn Arabi a San Juan de la Cruz, ha modificado radicalmente mi escritura y mi vida, las ha fundido en una entidad única y ha hecho de ambas un texto que sólo aguarda la descomposición del cuerpo para asumir su forma definitiva.

La relectura e intervención del lector en la oferta creadora de un libro es el mejor medio que conozco de reactivar nuestra vida espiritual, empobrecida por la agresión continua de una modernidad incontrolada que, nuevo Leviatán, obstruye y oscurece el horizonte humano en este inminente final de milenio. Propagar la visión de mundos diversos, difundir el don de la ubicuidad en virtud del recurso poético-novelesco de la a-topía y de la a-cronía, reinventar las visiones escatológicas que consuelan o atormentan nuestro perenne anhelo de trascendencia en un universo cruelmente privado por los científicos de una metafísica de la naturaleza, son propuestas enriquecedoras acordes con la defensa por Blanco White del «placer de las imaginaciones inverosímiles» y convierten la literatura en un arma eficacísima contra la tiranía racional de una época impermeable a las realidades espirituales, atrofiadas y anuladas por los continuos «avances» tecnológicos y el implacable fundamentalismo de la ciencia. ¡Ojalá alcanzaran mis obras a contagiar a alguno de ustedes como las de los autores que admiro me han contagiado a mí! ¿A qué cosa mejor podría aspirar un autor-relector como yo que a esta pequeña pero conmovedora recompensa?

(1993)

Hambre y cultura

La prepotencia salvaje de nuestra sociedad tecnológica, militar e industrial, se manifiesta hoy sin cortapisa alguna a escala planetaria. No contentos con saquear riquezas ajenas, explotar despiadadamente a mujeres y hombres, violar y destruir culturas, inundar el mundo de detritos, contaminar el aire, continentes y mares, almacenar armas costosas y extravagantes, cebar la tierra de ojivas nucleares hasta convertirla en un polvorín, quemar los excedentes de trigo y maíz para mantener los precios, planificar hambre, miseria y enfermedades en nombre de unos valores presuntamente universales pero en verdad ferozmente etnocéntricos y clasistas, nuestros remotos, aunque identificables, programadores se han fijado por meta trivializar y pervertir la dolorosa visión de sus víctimas transformándola en un exótico y curioso espectáculo: no ya el de los jefes y altos oficiales nazis absortos en la gozosa contemplación en *petit comité* de sus documentales sobre los niños y mujeres desnudos introducidos en las cámaras de gas de Auschwitz, sino el destinado al buen eurócrata o norteamericano medio a los que, entre sonrisas dentífricas de deslumbrante blancura y anuncios de muchachas etéreas diafanizadas por las virtudes de un champú natural proteínico, se ofrece en prima, de sobremesa, la visión de esqueletos vivos, piernas quebradizas y ahiladas, vientres deformes, rostros infantiles cubiertos de moscas en ameno y tranquilizador contraste con el entorno de un mundo sereno cuyos problemas son el exceso de calorías, la preservación de la línea mediante curas adelgazadoras y ejercicios gimnásticos, la búsqueda de variadas y aguijadoras dietas caninas, la adquisición incesante de nuevos y eficaces instrumentos de confort doméstico para dichosos padres de familia y amas de casa. La agonía y muerte de millones de inocentes, sacrificados al modelo de sociedad competitiva y brutal, se transforma así en un número más, aburrido a fuerza de reiterado, del ahíto y adormilado telespectador.

Frente a una indiferencia y un embotamiento mental y afectivo aparentemente sin remedio, ¿habrá que escribir una *Modesta Proposición* para la utilización racional de los residuos corporales de los asiáticos y africanos condenados a una consunción paulatina por nuestro sistema de vida y su aberrante escala de prioridades? ¿Deberemos sugerir el envío de los cabellos de las vietnamitas e hindúes —¡los de las africanas no sirven ni para esto!— a los ins-

titutos capilares y salones de belleza neoyorquinos y parisienses? ¿El de los dientes, huesos y ór-
ganos corporales aprovechables a la floreciente
industria médico-farmacéutica? ¿El de la piel de
muchacho o muchacha aún tierna, ideal para la
fabricación de guantes de textura más fina y
suave, a las *boutiques* de la Quinta Avenida o la
Via Veneto? El genio lúcido y visionario de Swift
había intuido la hecatombe moral de este ca-
tastrófico final de milenio.

    ¿Qué recurso queda al escritor occiden-
tal de hoy contra la indecencia contagiosa de tal
espectáculo? El trazado irrisorio de su pluma,
¿puede reemplazar al gesto solidario o caritati-
vo de quien tiende una mano al semejante a
punto de ahogarse? Desdichadamente, no. Pero
su escritura está amenazada en sus mismas raíces y destinada a devenir un bien de consumo
más a menos que se radicalice y vuelva al fuego de sus orígenes. Y aquí el escritor indignado
por la barbarie que le rodea asume en su propio
campo una responsabilidad inmensa. «Lo más
urgente —decía Antonin Artaud— no me parece tanto defender una cultura cuya existencia
no ha salvado jamás a un hombre de la preocupación de vivir mejor y de tener hambre, como
extraer de lo que se llama la cultura ideas cuya
fuerza viva *sea idéntica a la del hambre.*»

(1987)

III.

Nuevos ricos, nuevos libres, nuevos europeos

Durante mi reciente visita a un Buenos Aires sumido en una profunda crisis social y económica, pero con una curiosidad intelectual y afán de saber menos epidérmicos tal vez que los de nuestra presunta «capital cultural de Europa», los comentarios de mis interlocutores, ya en público, ya en privado, se centraron frecuentemente en un tema: el de la arrogancia y ostentación de riqueza de un vasto y llamativo sector de la actual sociedad española. Desde la profesora que tras preguntar por el precio de un artículo y no poder adquirirlo con sus devaluados australes recibió en plena cara, como un cantazo, el calificativo de *sudaca,* hasta el escritor que a su llegada a Barajas fue sometido a un interrogatorio humillante y perdonavidas por el funcionario encargado de estampillarle la entrada, la lista de agravios con respecto a nuestra flamante identidad europea, modales desenfadados o agresivos y culto desmedido al dinero, podría formar un variado y melancólico anecdotario. El contraste entre la recepción cordial de los emigrantes españoles hace cincuenta años por una Argentina entonces boyante, situada en el pelotón de los diez primeros países con mayor renta per cápita y la dispensada hoy, cuando los papeles se han invertido y de solicitantes hemos pasado a ser solicitados, no puede ser más chocante. La sociedad española de los noventa, advertían con desilusión y tristeza, se ha transformado al menos para ellos en algo muy distinto a la que sus padres conocieron: una sociedad de *nuevos ricos, nuevos libres y nuevos europeos.*

La mutación de nuestro país tocante a la consideración ético-social del dinero se remonta, como sabemos, a la década de los sesenta. La llegada al Gobierno franquista de los tecnócratas vinculados al Opus Dei desempeñó en el hecho un papel primordial, a todas luces histórico: disculpabilizó las siempre ambiguas relaciones del catolicismo español de la Contrarreforma con el capital y permitió lo que podríamos denominar acumulación primitiva de éste, fundada en la filosofía de un rápido y desmesurado enriquecimiento; bajo este concepto cabe considerar a aquel escogido grupo de magnates de la banca e industria como auténticos calvinistas. Dicho proceso era sin duda indispensable y fue el motor de la tardía modernización de España. La ruptura de las relaciones tradicionales o arcaicas, la adopción de nuevas normas de conducta, los legítimos deseos de mayor bienestar material minaron las bases del régimen franquista y facilitaron su desmontaje incruento a la muerte del dictador. Hoy, España, tras el necesario aprendizaje del sistema de producción capitalista y su invención incesante de nuevas necesidades destinada a convertir al ciudadano en consumidor, ha pasado de esa fase de acumulación primitiva de capital a la de una acumulación «desarrollada», propia de sus congéneres europeos. Pero, sorprendentemente, la mentalidad anterior, correspondiente a la fase primitiva —la del *get rich quick* de los sesenta— pervive aún e impregna el conjunto de las relaciones sociales. La madurez y desenvolvimiento de las estructuras económicas no se han traducido en una madurez y desenvolvimiento paralelos de los hábitos mentales: la tendencia a un provecho inmediato y fácil —no compensado con la existencia de una ética social democrático-protestante— obstaculiza el buen funcionamiento de una economía adulta y contamina insidiosamente, a través de los medios de información de masas, la escala de valores de la sociedad. Las fortunas ingentes acumuladas en unos pocos años por especuladores diestros, no suscitan recelo sino envidia y admiración. Ganar dinero como sea y ostentarlo sin complejo —esos rasgos característicos de la acumulación primitiva de los sesenta— siguen siendo los elementos fundamentales del ideal propuesto. De ahí esa impresión de jactancia y prepotencia que el visitante de países económicamente deprimidos o brutalmente explotados saca de nosotros —conducta y mentalidad de nuevos ricos que nos distinguen de los demás países europeos más o menos adaptados a las exigencias de un capitalismo desarrollado y no se compaginan con la dinámica real de nuestra economía ni nuestra evolución social.

Junto a ello, el espíritu de iniciativa individual, inherente a la ascensión de la clase social burguesa, se confundió en la península, por razones finamente analizadas por Américo Castro, en lo que éste denomina «separatismo de la persona»: en lugar de la mesura y respeto de las opiniones ajenas necesarios al ejercicio de la libertad, nuestra falta de experiencia en el tema se manifestó casi siempre, en los cortos periodos de régimen democrático de la historia española en el abuso generalizado de aquélla. La feliz aclimatación de la democracia en España no ha eliminado con todo un hábito sólidamente arraigado: la convicción tozuda de ser titular cada cual de infinidad de derechos pero de ningún deber. Dicha creencia, que tanto sorprende a los forasteros, se manifiesta de forma lamentable en el contenido y tono de nuestra prensa. El «amarillismo» más descarado se ha extendido en efecto en los últimos años desde las revistas tradicionalmente especializadas en él a la mayoría de publicaciones de información semanal y, de la magra dieta de partidos de fútbol, corridas de toros y discursos del Caudillo en sus aniversarios e inauguraciones, hemos pasado al menú cuidadosamente aliñado de las vidas y hazañas públicas y privadas de una cincuentena de *famosos:* lectura de sobrecogedora indigencia y embotamiento de la facultad de pensar que muestran bien claro la manipulación de la libertad de opinar al servicio de una política de ventas oportunista y degradante.

En una sociedad desmemoriada como la nuestra, en la que en un lapso a veces muy breve se incumplen promesas solemnes, se cambian las chaquetas y se salta del donde dije digo dije diego en menos de un pestañeo, se puede escribir lo que sale del cuelga cuelga —si se sabe escoger bien el blanco— con perfecta impunidad. Nuestra actitud de *nuevos libres* nos diferencia de inmediato de los demás alumnos de la clase. Cuando mis amigos argentinos apuntaban al fenómeno y sus consecuencias funestas para las víctimas fáciles de esa difusa agresividad, los hechos, desgraciadamente, les dan la razón. Si la mirada de los demás forma parte del conocimiento global de nosotros mismos, los españoles no podemos ignorar la manera en que somos vistos desde fuera por quienes comparten, no obstante, con nosotros una misma cultura y lengua.

El ingreso de España en la Comunidad Económica Europea es un acontecimiento positivo en la medida en que permite liquidar un debate que ha polarizado durante más de dos siglos la vida intelectual hispana: el problema de nuestra europeización. Los hombres más lúcidos del siglo XVIII advirtieron el retraso de España con respecto a sus vecinos del Norte y sufrieron como un agravio la frasecilla, en verdad malintencionada, de *L'Afrique commence aux Pyrénées*. La lucha entre los defensores de un particularismo español que nos diferenciaría para siempre de los demás europeos y quienes querían colmar el vacío existente entre España y Europa y negaban, por tanto, la existencia de aquél, desbordó, como sabemos en el terreno político y enconó, las guerras civiles del siglo XIX y la sangría de 1936-1939. La postura de los primeros se basaba en verdad en unas tesis a la vez reaccionarias y erróneas: hablaban, como Ganivet, de una misteriosa esencia española «a prueba de milenios», negando el hecho de que la España real fuera el resultado de una serie —eso sí, única— de mezclas culturales y vicisitudes, históricas.

Como consecuencia del descrédito de las doctrinas sostenidas primero por los tradicionalistas y luego por la Falange, los españoles han tendido en las últimas décadas a presentar una imagen de sí mismos que excluía cuidadosamente cuanto no era juzgado puramente europeo: así, en vez de reivindicar nuestra «occidentalidad matizada de elementos semitas» (Américo Castro), consideraban a éstos como un vergonzoso estigma si, saliendo de su casilla de vestigios muertos, probaban su actualidad y vigencia. En un momento en el que nos hemos integrado económica, política y culturalmente en Europa, sería hora de enterrar por fin la controversia y mirar a nuestro pasado sin anteojeras. Una reflexión crítica sobre la historia peculiar de España nos ayudaría, al revés, a percibir los elementos atípicos de nuestra cultura como una originalísima aportación a la riqueza y diversidad cultural de Europa. La mejor forma de ser europeos sería la de serlo con naturalidad, sin mimetismos ni complejos. Pero, una vez más, las mentalidades y hábitos creados por situaciones históricas rebasadas subsisten a su desaparición y, en muchos dominios de la vida social y cultural, seguimos aspirando todavía a parecer más europeos que los europeos, esto es, a americanizarnos con mayor rapidez que ellos, imitando, indiscriminadamente cuanto nos viene, a menudo vía París, desde Nueva York. Este influjo avasallador de la portentosa máquina cultural estadounidense es probablemente inevitable, pero requiere un mínimo de discernimiento si no se quiere caer sucesivamente en todas sus trampas. En cuanto a la dependencia cultural de Francia, resulta en verdad excusable en un periodo en el que, desaparecidas casi todas las grandes figuras del mundo literario y artístico parisiense, aquélla atraviesa una calma chicha similar a la nuestra y no puede procurarnos, por tanto, aliciente ni estímulo. Los divertidos comentarios de Juan Valera a los seguidores retrasados de la última moda de París no han perdido del todo su actualidad y, como en otras épocas —pero sin una razón objetiva que los justifique—, el espectáculo que ofrecemos a menudo al observador puede resumirse gráficamente con las palabras de mi admirado Vicente Llorens acerca de «la confusión, el tropel innovador y el persistente anacronismo de la cultura española, que vive en los tiempos modernos no sólo en una posición de inseguridad, sino moviéndose constantemente a contratiempo». Mientras la curiosidad intelectual europea por otros mundos vivifica y renueva sus fuentes de inspiración, dicha actitud receptiva y abierta es percibida todavía entre nosotros como un resabio o extravagancia y suscita de ordinario la reprobación; y así, en vez de seguir el ejemplo de Juan Ruiz, Rojas, Delicado, San Juan de la Cruz o Cervantes —esos creadores geniales del árbol de nuestra literatura—, preferimos correr tras la última moda *dirty* o *light* y empeñarnos en considerar a Tom Wolfe como un gran artista.

Nuevos europeos en vez de europeos a secas, somos víctimas sin saberlo de la inercia de unos hábitos mentales forjados en la época de nuestro atraso. La labor de contribuir con nuestra propia especificidad a la cultura de la casa común abierta con la caída del *telón de acero* se ve obstaculizada por la ignorancia, al menos en el ámbito literario, de lo que España puede aportar a una agrupación continental cimentada en los valores del pluralismo, ósmosis e intercambio.

En corto: los comentarios de mis interlocutores de Buenos Aires revelaban, nos guste o no, el modo en que los españoles somos percibidos desde fuera y el hecho de que la prepotencia y afán de lucro que reprochamos con razón a nuestros dirigentes son el becerro de oro de una gran parte de nuestra sociedad. Resulta, pues, comprensible que un número creciente de extranjeros —ya aferrados a unos valores humanos caídos aquí en desuso o de vuelta a ellos tras su desengaño de los trampantojos del capitalismo real— se sientan defraudados y ajenos a la euforia creada por tanta *novedad*. La sociedad española actual, ¿resulta moralmente incómoda y desapacible, como sostenía un colega? A pique de agravar mi sólida reputación antipatriótica forjada *ad vitam aeternam* por los servicios de propaganda de Franco, concluiré esas breves reflexiones, enhebradas durante mi estancia en Buenos Aires, con la expresión de mi sentimiento de que las circunstancias parecen darle razón.

(1990)

Discurso de Estrasburgo[*]

Me permitiré iniciar mi intervención con una cala en la historia de mi país. No la que comienza de modo espectacular y con las consecuencias de perdurable dramatismo en 1492, sino la de los tres siglos anteriores a ella, cuando la presencia política del islam en España se reducía al exiguo reino nazarí de Granada. La versión oficial enseñada en las escuelas hasta fecha reciente, cubría con un espeso tejido de prejuicios, ocultaciones y leyendas una realidad que la escrupulosa tarea de una serie de historiadores, desde Américo Castro a Márquez Villanueva, pasando por Torres Balbás, Domínguez Ortiz y Caro Baroja —por no citar sino a los españoles— ha exhumado y expuesto finalmente a la luz pública en las últimas décadas: una realidad no homogénea, no compacta ni uniconfesional como la que ofrece la Península desde las fechas infaustas de 1492 y 1609, sino plural, mestiza y abigarrada, que en muchos

* Leído ante el Consejo de Europa en octubre de 1991.

aspectos evoca la vivida hoy en numerosas ciudades, arrabales y áreas de nuestra *casa común europea*. Esta realidad, nos dicen las crónicas, sorprendía, perturbaba y escandalizaba a menudo a los extranjeros que visitaban España y los pontífices romanos y los Concilios se movilizaron en vano contra ella.

Dicho universo complejo y fecundo, de ósmosis, permeabilidad e intercambio, origen de formas literarias y artísticas singulares y únicas en el Occidente europeo, sufrió paulatinamente el acoso del credo nacional católico, con sus mitologías *góticas* —tan cercanas a las más recientes mitologías arias— y fue destruido poco a poco por decretos infames, burdas tentativas de asimilación forzada, medidas de discriminación vejatorias, estatutos de limpieza de sangre, persecuciones sin número, terror inquisitorial. En el reinado de Felipe II se hablaba ya de *solución final* del problema morisco —el de los judíos no conversos se había resuelto en parte con el decreto de expulsión de los Reyes Católicos en la fecha infausta que pronto conmemoraremos— y se discutía en las altas esferas del poder sobre si se debía desterrarles, previamente castrados, a Terranova o a Patagonia. Cuando la prepotencia del duque de Lerma impuso el destierro masivo de este millón y pico de españoles *distintos,* uno de los más feroces adalides de la medida —cuyos argumentos y lenguaje veo reproducidos en algunos sectores extremistas de la derecha nacional europea— saludaba así el espectáculo sobrecogedor de sus paisanos en la diáspora de 1609:

> «en orden de procesión desordenada, mezclados los de pie con los de a caballo, yendo unos entre otros, reventados de dolor y lágrimas, llevando grande estruendo y confuso vocerío, cargados de sus hijos y mujeres, y de sus enfermos, y de sus viejos, llenos de polvo, sudando (...) cansados, doloridos, perdidos, tristes, confusos, corridos, rabiosos, enojados, sedientos y hambrientos.»

Esta fecha —no conmemorada aún— pone un punto final al proceso de homogeneización del país que desarboló nuestra cultura, arrambló con las cátedras de ciencias y humanidades, asfixió la vida intelectual y, en nombre del monolitismo ideológico-religioso y limpieza de sangre, concedió a España unas largas vacaciones históricas que nos alejaron irremediablemente del paso a la modernidad emprendido por la Reforma, el Siglo de las Luces y la revolución industrial en países más afortunados que el nuestro.

Pero detengámonos en la Europa de hoy: en esta empresa fraternal de convivencia que abarca a más de trescientos millones de ciudadanos de diversas culturas, idiomas y etnias, forjada laboriosamente tras siglos de confrontación, exterminios y guerras sangrientas en nombre de unos principios de libertad, tolerancia y progreso acatados por todo el orbe civilizado. Dicho proyecto, noble y generoso en sus fines e ideas, basado en la Declaración Universal de Derechos Humanos y los principios que inspiraron la Carta fundacional de las Naciones Unidas, ¿no corre actualmente el riesgo de malearse y convertir a la Europa *de los Doce* no en un faro del progreso humano sino en un mero club de países ricos, con derecho reservado de admisión?

Los cambios radicales operados en los últimos años tras la caída del muro de Berlín y la liberación de los países del Este de los grillos que les sujetaban, han alterado profundamente el entorno en el que se asienta la *casa común europea* y han impulsado una política proteccionista, de un nacionalismo de nuevo cuño, frente a las realidades que la rodean: conflictos étnico-religiosos, rivalidades y odios ancestrales desgarran otra vez la península balcánica y el vasto territorio de lo que fue hasta hace poco la URSS. Tras el derrumbe de la ideología uniformizadora, la autodisolución del Partido Comunista y el fin de la Unión Soviética, nacionalismo y religión surgen de nuevo en nuestro horizonte como únicos valores-refugio. Sin mengua de su función paliativa en un mundo como el nuestro, fundado en una competitividad despiadada que sólo conoce el dinero, el recurso a los mismos resulta con todo negativo desde el momento en que se limita a mirar atrás y fomentar un esencialismo identificatorio centrado en lo privativo. Los lazos quizá frágiles pero reales entre naciones y etnias vecinas son implacablemente barridos. En la República yugoslava de Bosnia-Herzegovina, una coexistencia pacífica de musulmanes, serbios y croatas ha originado en los últimos cincuenta años, como siglos atrás en la España de las tres castas, una literatura, y también un cine, ricos y singulares, fruto asimismo del mestizaje e interpenetración de sus diversas culturas y etnias. Hoy, el nacionalismo exclusivo e intolerante amenaza arruinar dicha convivencia feraz.

La Comunidad Europea ha de intervenir, con ese recién proclamado *deber de injerencia humanitaria,* para impedir matanzas, expulsiones y pogromos dondequiera que sea; en vez de reducir su apoyo concreto a los pueblos que integran la mítica *Mittel Europa,* extenderlo a los que algunos quisieran expulsar a las tinieblas exteriores de una Europa homogénea y limpia. ¿Por qué quienes callaron ante las atrocidades de Kosovo y la persecución de los turcos en Bulgaria proclaman hoy a gritos su solidaridad con Eslovenia y Croacia? ¿Hay una Europa bella y culta, como la defendida por Kundera y otra balcánica y bárbara a la que podemos ignorar y eliminar de nuestra conciencia?

El seísmo político-económico que sacude a la Europa del Este, no sólo destruye mitos y mentiras: resucita fobias, fantasmas soterrados, imágenes atávicas de odio y violencia. La persecución que sufren hoy los gitanos, especialmente en Yugoslavia, Rumania, Polonia y la península Ibérica, es únicamente un botón de muestra. Como en otros periodos de la historia europea, la presencia entre nosotros de doce millones de inmigrantes oriundos de diversas áreas del mundo islámico (Magreb, África negra, Turquía, Pakistán, Insulindia...), agitada a diario como un espantajo por los medios informativos en mal de ventas, se ha convertido ya en el problema número uno de algunos países y determina estrategias electorales encaminadas a hallar un chivo expiatorio a los males que afligen a nuestra economía y a *caresser dans le sens du poil la bête* que llevamos dentro.

Tengo a mano un voluminoso expediente compuesto de recortes de prensa de los últimos tres años sobre una lista impresionante de agresiones, incendios de casas y mezqui-

tas, brutalidades policiales, asesinatos, apalea-
mientos, *ratonades* de los que han sido y son
víctimas las comunidades primero socialmente
marginadas y luego tildadas de inasimilables
por los dignos sucesores de ese nacional-catolicismo que se ensañó hace siglos en la Península con musulmanes y hebreos. Pese a su reciente aclimatación en el ámbito europeo —¿qué
significan en verdad media docena de pañuelos
en una escuela pública frecuentada en Francia
por cien mil muchachas de origen magrebí?—,
la situación de precariedad y amenaza en la que
viven estos doce millones de personas no parece inquietar demasiado a una opinión pública
sometida de continuo al machaqueo informativo tocante al supuesto peligro islámico.
La abrumadora superioridad técnica, científica
y militar de Occidente —evidenciada en la reciente carnicería del Golfo— sobre un Dar el
Islam dividido, impotente, marcado aún por la
herencia de varios decenios de colonialismo y
sujeción a regímenes despóticos y, salvo en el
caso de los virreinatos petroleros, sometido a
las leyes inicuas de la relación Norte-Sur, convierte dicha amenaza en la de una hormiga
frente a un león. Sin embargo de eso, el clima
de hostilidad y persecución en torno a estos
nuevos moriscos no cesa de empeorar. La existencia exclusiva de Estados de derecho en el ámbito comunitario, de la que justamente podemos

enorgullecernos, no obsta para que en ellos se desenvuelvan viejas y nuevas formas de barbarie. Vivimos en sociedades violentas en las que florecen el racismo, la marginación social y el acoso al emigrado, la hostilidad cerril al diferente. Y aquí llegamos al núcleo paradójico del problema que nos afecta: pues, mientras la violencia del Estado contra sus ciudadanos común a la mayoría de los países del Tercer Mundo puede corregirse y eliminarse, la de la sociedad no. En España pasamos del Estado franquista que no respetaba los derechos humanos y cometía incontables atropellos a un Estado constitucional democrático, pero la violencia racial y xenófoba se ha agravado (pregúntenselo, si no, a los magrebíes y a los gitanos). En un caso —el de la violencia del Poder— las víctimas suelen ser los militantes políticos y sindicales que se oponen a la injusticia, no admiten las reglas de un juego trucado y afrontan por tanto a sabiendas los riesgos de detención, tortura, encarcelamiento. En el otro —el de la violencia social— la víctima es castigada por su etnia, su color de piel. Violencia tanto o más odiosa cuanto que no obedece a razones políticas sino que se sitúa en el nivel más bajo y degradante del ser humano.

No estoy hablando en términos abstractos. ¿Quién sabe aquí que centenares de marroquíes y argelinos se vieron obligados a abandonar sus hogares y huir de la isla de Córcega durante la liberación de Kuwait? Y como en la España de Lerma y Felipe III se habla ya, si no del «pegajoso hedor» de las víctimas, sí del «olor de sus cocinas» y de la organización de vuelos *chárter humanos,* «demasiado humanos», si Nietzsche me perdona el chiste, para los indocumentados y trabajadores clandestinos indeseables en nuestro suelo. Europa, proclaman algunos, sufre los efectos de una continua y solapada *invasión.* Frente a una realidad tan temible, personalidades que hasta fecha reciente hacían gala de su liberalismo, invocan como panacea el retorno al *ius sanguinis,* en otras palabras, el certificado de limpieza de sangre creado en Toledo por el cardenal Siliceo. Mientras grupos organizados prenden fuego a las escuelas y hogares de trabajadores inmigrados en medio de la indiferencia de la mayoría, mi pregunta es la siguiente: ¿hasta dónde vamos a llegar?

No se me oculta que la situación es difícil y obliga a los países comunitarios a buscar remedios. El hundimiento del sistema económico del Este y la aspiración a una vida mejor provocan en efecto movimientos migratorios de un alcance desconocido desde hace siglos. Las implacables leyes del mercado favorecen al fuerte en detrimento del débil y, cada vez con mayor nitidez, contemplamos el poco edificante espectáculo de unos islotes de sociedades prósperas y democráticas, flotando en un océano de indigencia y dolor: entrampados hasta el cuello, obligados a vender sus materias primas a precios dictados desde fuera, incapaces de pagar los intereses acumulados de su deuda, los Estados que representan las tres cuartas partes de la humanidad continúan hundiéndose en un pozo sin fondo. Con el desmembramiento de la URSS y las guerras civiles que se perfilan, las cosas tienden a agravarse. ¿Quién se acuerda hoy de África o de las zonas deprimidas de las que huyen nuestros inmigrantes? La competitividad promovida a rango de ideología, escribe lúcidamente Riccardo Petrella, «no es válida sino para una porción ínfima de la humanidad (...) Todo el mundo es invitado al banquete, pero sólo un puñado de individuos, grupos, regiones o países —aquellos capaces de adquirir la gracia de ser más competitivos que los demás— tendrán legítima y efectivamente acceso a la mesa (...) La exclusión afecta así a naciones y continentes enteros, ya sea porque no representan grandes mercados, ya porque no serían "culturalmente" capaces de seguir el movimiento». Dicha doctrina justifica la inicua desigualdad entre Norte y Sur y responsabiliza a los excluidos de su propia desdicha. Con la existencia universal de un modelo único de desarrollo, las cosas vuelven a estar, a escala planetaria, en la situación en la que se hallaban en Inglaterra a comienzos de la Revolución Industrial. Plutocracia, *homo homini lupus* o «sálvese el que pueda», ¿no es ése el mundo descrito por Dickens? Las lecciones penosamente aprendidas luego, ¿podrán aplicarse con un mínimo de solidaridad y de justicia en el siglo que se avecina?

¿Qué hacer? ¿Erizar los nuevos muros de alambradas, proceder a expulsiones selectivas y graduadas, arrinconar en guetos a quienes buscan un medio de vida decente e integrarse, con su diferencia enriquecedora, en el espacio cada vez más angosto e inhospitalario de nuestras sociedades? Sólo la ayuda generosa y controlada a los países de donde huyen, a fin de facilitar la creación de puestos de trabajo, podrá parar la emigración masiva y tumultuaria. Ni las cárceles ni centros de reagrupación ni las medidas coercitivas son una respuesta adecuada al problema de quienes prefieren correr el riesgo de ahogarse en las playas cercanas a Algeciras o desembarcar por millares en la costa adriática, como esa multitud impresionante de albaneses hacinados en los muelles de Bari, a soportar una vida de miseria, sin esperanza de cambio. La imaginación delirante de Fellini en *E la nave va* se ha vuelto real de forma inesperada: *la nave è arrivata* y la próxima vez se arrimará sin duda, con toda su carga enfurecida, a alguna playa selecta de Montecarlo o Marbella.

Respecto a los otros, los instalados ya con *status* legal o sin él en el interior de la *fortaleza,* se impone una elección entre dos modos de concebir Europa y, por consiguiente, el grado de su participación en ella. Las concepciones y planes del futuro han de tener en cuenta las lecciones del pasado. Los hechos no son fatales ni irreversibles: la realidad histórica de la España moderna podría haber sido distinta de lo que fue y la de la Europa comunitaria, con sus millones de inmigrantes deseosos de integrarse en ella, puede forjarse aún conforme a los nobles principios que la inspiran.

Ustedes, señoras y señores, tienen la palabra.

(1991)

El ceremonial del vacío

En uno de los coloquios sobre la moda de la nueva literatura española organizado en Berlín aventuré algunas observaciones sobre el tema que, por haber sido reproducidas fuera de contexto, pudieron ser interpretadas por algún listo como una prueba de mi desafecto a los valores nacionales e incorregible antipatriotismo.

El rápido cambio de las mentalidades y costumbres, asimilación instantánea de las manifestaciones más obtusas de la cultura mediática, ajetreo literario-social, apoyo estatal a las estrategias de ventas editoriales, efervescencia y política de fachada, todo ese burbujeo y agitación que tanto sorprenden a los forasteros en nuestro país de *nuevos ricos, nuevos libres y nuevos europeos,* les ha convencido y, lo que es peor, nos ha convencido a nosotros mismos no sólo de que España es absolutamente moderna sino de que se halla nada menos que en la vanguardia de este revulsivo y perturbador fin de siglo. Como resumí en mi improvisación en Berlín, de la exaltación del Glorioso Movimiento Nacional hemos pasado a la exaltación de la gloriosa Movida Nacional: en otras palabras, no nos hemos movido de sitio.

La generalizada confusión entre el producto editorial y el texto literario, el frecuente apoyo de la prensa al primero a expensas del último, condena de todo riesgo e innovación, aplauso a las formas novelescas más conservadoras —aunque, parafraseando al crítico peruano Julio Ortega, tengan «muy poco que conservar»— son elementos significativos que convendría estudiar con más calma. Cuando la buena difusión comercial de las obras que comunican mediáticamente con el lector y su promoción oficial, destinada a crear una *imagen nacional de marca* en la *casa común europea*, se nos presentan como prueba irrefutable de la buena salud de nuestra literatura deberíamos recordar una vez más que el signo distintivo de ésta no consiste en seguir las reglas codificadas «correctas», sino en el hecho de ponerlas al revés en tela de juicio. Encontrar fácilmente un público, alcanzar a un gran número de lectores es propio de los productos editoriales de consumo inmediato que se engullen, digieren y evacuan como el *fast food* de las hamburgueserías. Pues lo que se propone y vende no aporta —salvo dignas excepciones*—

---

* Voy a resistir a la tentación de mencionar a una docena de ellas, desde mi generación a algún novísimo, para no agregar, a la irritación que pudieren provocar mis palabras, la cólera de quienes no admiro.

innovación alguna. ¿Cómo distinguir, por ejemplo, a un novelista de otro si casi todos siguen las mismas reglas de juego —verosimilitud chata, personajes y situaciones «reales» que corresponden a lo deseado y, por tanto, ya sabido del público, servido todo ello en diálogos teatrales y una prosa vetusta, inmodulada y parda, al servicio de una estética ya difunta? ¿Cómo reconocer a un poeta de otro entre los pálidos Cien Mil Hijos de Cavafis afligidos de senectud prematura? Lo que se comprende en un abrir y cerrar de ojos, decía Gide, no suele dejar huellas —y poco, muy poco de lo que se califica de nuevo sobrevivirá a su novedad efímera. Vivimos en el reino de la imagen, de la cultura de escaparate, de la adopción acrítica de las modas importadas de Estados Unidos: novela *light,* realismo «sucio» y otros modelos fútiles elaborados para satisfacer la acuciante necesidad de la industria editorial de lanzar nuevos productos. Eduardo Subirats ponía el dedo en la llaga cuando señalaba que «la modernidad y modernización se identifican (en España) con los epifenómenos de la moda, de la vanguardia concebida en términos de *styling».* Pero la moda no crea ni creará nunca cultura: es, a lo sumo, una interpretación parcial, tardía y recuperadora de ésta. La traducción en serie de lo confeccionado en serie me recuerda el espectáculo abigarrado de los zocos y bazares de Turquía y Marruecos, con sus bolsos Vuitton y camisas

Lacoste hechos con tal maña que resulta imposible diferenciar la reproducción del modelo: en lo que toca al ámbito literario, España exporta hoy sus bolsos Vuitton y camisas Lacoste con la destreza sagaz de los fabricantes de Corea y Taiwan. Esta «modernidad» programada y huera de todo contenido original fuera de su habilidosa integración en el circuito de la seudocultura mediática, ¿es motivo razonable de que echemos las campanas al vuelo?

Si del terreno de los deseos píos y aserciones propagandísticas pasamos al de las realidades, la situación es muy distinta. Américo Castro se lamentaba amargamente en 1965 de que seguíamos siendo «una colonia cultural del extranjero». Más de un cuarto de siglo después, sus palabras mantienen su desoladora validez. La asunción de la modernidad por la España de hoy se ha hecho a costa de una lobotomía consistente en extirpar de su conciencia el conocimiento y experiencia de su pasado. Desmemoriada, falta de esa densidad cultural que distingue la empresa creadora de autores como Joyce, Biely, Svevo, Arno Schmidt o Lezama, sintonizando tan sólo con un fugaz universo de formas mediáticas, la propuesta literaria aupada desde los diferentes centros de poder periodístico y editorial se adapta como anillo al dedo a la pereza e inapetencia de un público condicionado y espiritualmente empobrecido por esa «modernidad» degradada.

La ignorancia, voluntaria o no, de nuestro singularísimo legado literario y artístico, de las raíces, esquejes y ramificaciones del entreverado, híbrido y frondoso *árbol de la literatura* no puede ser más dramática. ¿Saben nuestros *posmodernos* (¡Dios se apiade de ellos!) que mis contemporáneos verdaderos y los de los escritores que escapan a una uniformidad impuesta por los cánones perecederos en boga son justamente estos creadores, cuyos textos, irreductibles a cualquier modelo o fórmula, se llaman *Libro de buen amor, La Celestina,* el *Quijote* y *Soledades* y no quienes aun siendo coetáneos nuestros, producen obra muerta y pertenecen en rigor a otro siglo? Desatendiendo la magistral advertencia de Gaudí —«la originalidad es la vuelta al origen»—, estos autores en busca de éxito fácil, premios oficiales o gremiales y aplauso ignaro, en lugar de embeberse de la rejuvenecedora libertad de invención medieval y de quienes rehuyeron más tarde los arquetipos renacentistas y neoclásicos para fundar así su propia genealogía, truecan el oro por baratijas, imitan lo por pedestre imitable y se esponjan orondos en un conformismo inane. La promoción oficial de su literatura, por emplear la frase de un espectador lúcido, es una *nueva forma de calamidad pública.*

Los conceptos de corrientes, modas, escuelas, cánones, leyes, generaciones no explican ni aclaran el fenómeno de la genuina creación literaria: son expedientes toscos, pero rentables para uso de catedráticos y reseñadores de novedades editoriales, cuya validez abarca a lo sumo el campo de los segundones y epígonos. Todo creador sabe, en su centro más hondo, que su experiencia es única y no se compadece con esquemas trazados desde el exterior: no es potro ni corcel de cuadra alguna.

Si examinamos el caso de Cervantes comprobaremos que, lejos de seguir los modelos de su tiempo, se sirvió de los mismos como materia combustible energética de su propia creación: se apoderó de ellos, los manipuló, los deshizo, no dejó títere con cabeza ni Apolo con nariz. Su aventura novelesca, calificada por él de «proeza» y «rara invención» no cabía en escuelas ni archivos de modelos. Como pregunta con razón Américo Castro, «¿Hubiera podido el autor del *Quijote* componer un *Arte nuevo de hacer comedias?*» A todas luces, no. Porque sencillamente no hay talleres poéticos ni novelescos ni de obras literarias de alta calidad pese a su proliferación lucrativa conforme al ejemplo de las universidades norteamericanas. La creación nace, al contrario, a partir de una rebeldía: el proceso incoado por el escritor a las reglas del juego. Lo institucionalizado y premiado es de ordinario irrelevante: carece del fulgor y prodigiosa fuerza contaminadora de la literatura.

Pero volvamos a la frase antes citada del autor de *La realidad histórica de España*. ¿Hemos dejado de ser, como creemos, una colonia cultural del extranjero y deslumbramos de verdad al universo con nuestros mil mejores poetas y novelistas contemporáneos y la magnificencia y bullebulle de la *movida*? Basta comprobar, como decenios atrás, que nuestro secular desinterés por la investigación de las culturas ajenas —fuera de la divulgación superficial de las mismas para consumo interno— nos convierte no en *sujetos* activos del estudio y análisis de lo foráneo sino en *objeto* de éstos por parte de los historiadores y ensayistas extranjeros para poner las cosas en su lugar. Mientras no podemos examinar ni comprender de modo cabal la historia de España y de su cultura sin recurrir a lo escrito por hispanistas ingleses, franceses, alemanes, norteamericanos e italianos, la contribución española al conocimiento de la historia y cultura de Inglaterra, Francia, Alemania, Estados Unidos e Italia es insignificante o nula. Para abarcar el arte complejo y sutil de *Cántico espiritual* y las circunstancias a menudo dramáticas de la vida de su autor no tenemos más remedio que leer las obras del inglés Peter Collin Thompson, del francés Duvivier o de la puertorriqueña Luce López-Baralt: la mayoría de la producción nacional sobre el reformador carmelita es, como dice José Ángel Valente, puro «ceremonial y liturgia» que oscurece su entendimiento, embota su fuerza, amengua su inflamación mística y encubre la realidad.

Si del campo de los estudios románicos, anglosajones o germánicos pasamos al de las culturas extraeuropeas, la situación no es mejor. El rechazo e inconfesada vergüenza del pasado semita hispano —tan viscerales y manifiestos en la obra de autores como Ortega, Menéndez Pidal o Madariaga— conducen a estimar todavía la atención prestada a la cultura árabe, fuera de la aljama de los arabistas, como un elemento descalificador y negativo, una especie de resabio o extravagancia. A la pregunta que tantas veces se me formula con mal oculta agresividad «¿Por qué ese interés suyo por el mundo islámico?» habría que responder, dándole la vuelta, con un «¿Por qué esa falta general de interés?». Si fuera francés, inglés o alemán a nadie se le ocurriría planteármela en la medida en que la curiosidad por las culturas ajenas es una proyección normal de la más noble y auténtica europeidad. El afán provinciano y advenedizo de querer ser más europeo que los europeos nos incita a despreciar lo que desconocemos e impide a fin de cuentas que seamos europeos sin complejos, con sencillez y naturalidad.

¿Voy a proseguir la letanía de nuestras desgracias? Piadosamente me detendría aquí si no mediara el hecho de que las esplendorosas conmemoraciones del Quinto Centenario de una fecha inserta en el reinado de la *casi santificada protectora de judíos, muslimes y gitanos* amenaza con potenciar hasta el ensordecimiento la ceremonia de la confusión de valores, imponer ideas sin escrutinio, ahogar las voces críticas, sumirnos en el aturdimiento bullanguero y estolidez. En una sociedad que silencia —ignorándola— la obra de sus mejores hijos, los festejos recuperadores y ocultaciones interesadas no ayudan a despejar el futuro ni a sacar una idea más clara de lo que fuimos, somos y pretendemos ser. La lobotomía practicada en los cerebros tocante a la mestiza y fecunda sociedad medieval, a la larga y heroica resistencia intelectual de los humanistas, místicos y científicos a la destrucción sistemática de nuestra cultura desencadenada precisamente en la fecha que ahora ensalzamos, a la reflexión lúcida de las escasas plumas que osaron denunciar la unanimidad moral impuesta por el terror, a los esfuerzos regeneradores llevados a cabo en los dos últimos siglos, etcétera, hace tabla rasa y uniformiza de cara a la galería nuestro paisaje histórico, literario y humano. Para los programadores culturales de hoy, sintonizar con los valores, criterios y modas que nos llegan de Norteamérica es la forma más cómoda y eficaz de sentirse europeos.

Inútil precisar que dicha americanización mediática no incluye por ejemplo el conocimiento de novelistas que, como Burroughs, Pynchon, Gass, Paul West, Coover o Sorrentino, eluden el conformismo y escapan a la mediocridad.

¿Madrid capital cultural de Europa? Las actividades que se preparan para solemnizar tan curioso acontecimiento no elevarán el nivel de nuestra creación literaria ni aumentarán el número de lectores despiertos: serán un pretexto más para multiplicar las mesas redondas, coloquios, cursillos de verano, tertulias televisadas y otros sucedáneos destinados a engordar la burocracia y trivializar la cultura. La única actitud digna y consecuente frente a ese espectáculo será la abstención radical o el exilio. Encerrarse en una casita de Coria o la Puebla de Don Fadrique —a falta de poder viajar a la antipódica Nueva Zelanda— y aguardar bien arropado con una manta a que pase el chaparrón de la vacuidad.

(1991)

A propósito de dos centenarios

Desde hace algún tiempo asistimos en Francia y España a los preparativos oficiales de la magna conmemoración de dos efemérides de muy distinto signo, pero que tienen en común el hecho de marcar un punto de ruptura decisiva en la historia de sus respectivos países: el bicentenario de la Revolución Francesa, de 1789, y el V Centenario del Descubrimiento del Nuevo Mundo, en 1492. Acontecimientos sin duda cardinales, aunque sujetos a crítica e impugnación en el interior mismo de las sociedades que los celebran y cuyo significado y proyección actual conviene estudiar con detenimiento si queremos conocer con rigor el alcance y contenido de lo que se festeja.

Si nos referimos al bicentenario francés, todos o casi todos estaríamos de acuerdo en aplaudir la elección de una Asamblea Nacional depositaria de la voluntad popular, la abolición de los privilegios nobiliarios y eclesiásticos, los principios de libertad-igualdad-fraternidad, de la Declaración Universal de los Derechos del Hombre y el Ciudadano. Sin embargo, los

historiadores y ensayistas que actualmente re-
señan para el gran público el proceso histórico
iniciado en 1789 no se detienen, como es lógico,
en lo acaecido en dicho año, y al examinar los
sucesos posteriores trazan un cuadro mucho más
cauto y sombrío de su evolución y consecuencias: el jacobinismo o dictadura revolucionaria
de un pequeño grupo, precursor del bolchevis-
mo de nuestro siglo; el terror, la guillotina y sus
tricoteuses; el directorio y sus triunviros; el imperio y guerras napoleónicas; la invasión del
continente en nombre de unos principios li-
bertadores, pero pervertidos en la práctica por
la ambición megalómana del astuto oficial coronado por el Papa emperador vitalicio de los
franceses. La derrota final de Napoleón y la restauración borbónica no significan, con todo, el
fracaso de la gran aventura revolucionaria: pese
a sus adulteraciones y crímenes, ésta señala el
comienzo de una nueva era, y sus valores esenciales no sólo mantienen su vigencia, sino poseen hoy día validez universal. La admirable
Declaración del 4 de agosto de 1789 ha servido
y sirve de instrumento a los pueblos coloniza-
dos y oprimidos para luchar contra sus coloni-
zadores y tiranos, ha permitido y permite la
defensa legal de todos los hombres y mujeres
sin distinción de razas ni credos frente a los
desmanes del poder y abusos de la corrupción.
El bicentenario francés de 1989 festeja así, más

allá de los atropellos y exacciones que empaña-
ron y dieron al traste con los propósitos generosos de los representantes del *Estado llano,*
unos principios rabiosamente actuales en la
totalidad del orbe frente a las mentiras y enga-
ños de las viejas y nuevas iglesias, partidos únicos y benefactores omnímodos.

La conmemoración del V Centenario
del Descubrimiento ofrece, desde luego, características muy distintas. Los valores que en
él celebramos, debemos preguntarnos, ¿son a
la vez *vigentes y de alcance universal?* A esta última pregunta los indoamericanos que fueron víctimas de las tropelías y matanzas de la
conquista responderían, con toda la razón,
negativamente: obligados a trabajar para sus
nuevos amos, diezmados por las enfermedades traídas por éstos, desposeídos de su gobierno, religión y cultura ancestrales, conducidos a
veces, como los siboneys, al suicidio colectivo,
no admitirían por válidas las razones civili-
zadoras y catequísticas invocadas por los invasores. Sería desde luego absurdo negar la importancia inconmensurable de la conquista e
hispanización de América: el hecho de que
dieciocho naciones jóvenes pesen en el destino del mundo unidas a España por su pasado
común, su cultura y su lengua. Este vertiginoso cambio de rumbo y la compleja armazón
social y administrativa del imperio pueden

ser objeto legítimo de asombro y admiración. Pero dicho tipo de evaluación de la *empresa civilizadora* —ya sea en función del progreso histórico, ya de la salvación de los pueblos paganos— presupone para las sociedades latinoamericanas más o menos desarrolladas en la época del descubrimiento una clara proyección etnocéntrica que niega a los indios sus cualidades propias, independientemente de su posición acerca de la redención cristiana o los imperativos del comercio moderno. En otras palabras, los indios son juzgados no por lo que son, sino por lo que deberían ser conforme a las premisas de una doctrina o práctica social ajenas. Como escribí en otra ocasión, una clara conciencia de la alteridad, de la distinción básica entre lo nuestro (las virtudes de la civilización, propagación del Evangelio) y lo de ellos («indios congregados en manadas humanas», Menéndez Pidal *dixit),* justifica, primero, la condena de culturas distintas de la nuestra y su sumisión a los argumentos irrebatibles de quienes, en nombre de sus propios criterios y apreciaciones, deciden extender su dominio a los pueblos que no poseen *aún* su visión ideológico-religiosa del mundo y no comparten, por tanto, su escala de valores; luego, en la medida en que las restantes culturas deben pasar por el aro de la *nuestra* en vez de ser simplemente *otras,* el etnocentrismo bien intencionado se esforzará en uncir culturas *extrañas, atrasadas* y *exóticas* a la gran cabalgata de un supuesto progreso material y espiritual, lamentando que víctimas inocentes sean arrolladas por el carro y agonicen a la vera del camino.

Es cierto que, a diferencia de lo ocurrido en América del Norte, el genocidio de las poblaciones indígenas no fue sistemático: la conquista española creó desde México a Chile las diferentes sociedades mestizas que hoy conocemos. La influencia de Las Casas, Vitoria y otros juristas y predicadores moderó en muchos casos sus desafueros y permitió la erección de algunas frágiles barreras legales destinadas a la protección de los indios, si bien dichas disposiciones no se aplicaron nunca a los negros, víctimas del repugnante negocio de la trata hasta hace poco más de cien años.

Aun con esas salvedades, el etnocentrismo de la empresa colonizadora excluye su posible ecumenicidad: el expansionismo español, avalado por la *misión histórica* de difundir el Evangelio, impuso éste a punta de espada, sin respetar en ningún caso la voluntad de los conversos. Ello era sin duda común en aquel tiempo: la dicotomía antigua, griegos-bárbaros, y medieval, católicos-paganos, subsistió en realidad con distintos disfraces hasta bien entrado el siglo que corre (véase Afganistán). Pero nuestro propósito no es el de aplicar ideas y criterios modernos a épocas pasadas para condenar a éstas, sino determinar si los móviles de la prodigiosa expansión española merecen hoy día ser exaltados.

Descartada *et pour cause* la universalidad de los valores del descubrimiento y subsiguiente conquista, debemos analizar su posible vigencia en el marco actual de nuestra propia sociedad y cultura. La vieja polémica desatada por la actitud de Las Casas —actitud ejemplar, digámoslo bien alto, sin equivalente alguno en la historia de las demás *aventuras* coloniales— se centra, como sabemos, en los fundamentos morales y jurídicos de la presunta misión histórica de nuestros compatriotas. Mientras el único título legítimo que autorizaba a los españoles para entrar en la Indias era, según el dominico, la bula pontificia de evangelización, sin derecho ninguno a la guerra, los defensores de la *empresa civilizadora* recurrían a un vasto arsenal de argumentos que abarcaba desde los móviles más nobles y altruistas a los bajamente *terrenos.* En un polémico ensayo titulado *¿Codicia insaciable? ¿Ilustres hazañas?,* Menéndez Pidal expone y embellece dichos argumentos con un entusiasmo digno de mejor causa. Aunque toqué el tema por extenso hace veinte años en mi estudio sobre *Menéndez Pidal y el padre Las Casas,* espigaré algunos fragmentos del mismo para los lectores de hoy. Después de evocar los impulsos ideales de los conquistadores de servir a Dios y al rey, «todavía el soldado», escribe Menéndez Pidal, «tan rico de espiritualidad, va movido por otro deseo de carácter personal (...) Es el deseo de gloria». Los compañeros de Bernal Díaz del Castillo, añade nuestro historiador, murieron «para que en México (...) hubiesen maestros de imprimir libros en latín y romance; murieron para que los indios supiesen trabajar el hierro (...); para que aprendiesen a tejer seda, raso, tafetán y paños de lana (...) y llegasen a hacer obras de talla emulando con Berruguete y Miguel Ángel». ¿Para esto y sólo para esto? Concluida su exposición lírica, Menéndez Pidal añade: «Naturalmente (...) los estímulos del último soldado de a pie son otros. (...) Pues es claro que el soldado, cuando juega su vida cada día por los que "viven en las tinieblas", tiene mucho ojo a los repartos del oro ganado». Natural, en efecto, y perfectamente claro. ¿Abusos, injusticias, crímenes? Los hubo en la colonización española de América como en la colonización romana de las Galias, y ambas significaron, no obstante, un progreso histórico. ¿No fue cruel, también, Julio César y mereció, a pesar de ello, el elogio admirativo de San Agustín? Guatimocín pereció como fue inmolado Vercingetórix. ¿Qué importan las diferencias de estas vidas paralelas?, dice Menéndez Pidal. En uno y otro caso, «el final es el mismo: *vae victis!*».

Tal dualidad, evangelización/codicia de oro, no es, como pudiera creerse, una consecuencia de la conquista: preside, desde sus comienzos, la iniciativa del descubrimiento. Muy significativamente, a su regreso del Nuevo Mundo, Colón dirigió sus primeras cartas no a los soberanos, sino a los tesoreros que financiaron su expedición, y en ellas menciona «la posibilidad de obtener ganancias y de realizar un floreciente comercio de esclavos», siendo así que, en sus tratos con el rey y la reina, había recalcado, muy al contrario, «su altísimo propósito de convertir a todo el mundo al catolicismo» (W. T. Walsh, *Isabel la Cruzada).* En 1494, el almirante envió a Sevilla cuatro barcos cargados de indios destinados a ser vendidos como esclavos, pero los monarcas, si bien autorizaron al principio la transacción, ordenaron luego que fueran puestos en libertad y reembarcados a sus tierras de origen. Desdichadamente, recuerda alguien tan poco sospechoso de antiisabelismo como el exaltado Walsh, todos murieron víctimas del frío antes de que la real orden se cumpliese. Con todo, el problema de fondo no es éste. Aun desembarazados de tan cruda e hiriente realidad, habrá que preguntarse si los móviles *nobles* de la conquista —el «atractivo por dominar lo imposible, por sobrepasar las fuerzas humanas», la «salvación de la indiada», el «deseo de gloria», el «ansia de empresas» (Menéndez Pidal)— pueden concebirse como *valores actuales*. Si tenemos en cuenta el precio pagado por ellos, tanto por los indios como por los españoles, la repuesta será a todas luces negativa.

Buen conocedor de nuestra historia singular y sus trampas, Jorge Semprún ha intentado disociar, en unas recientes declaraciones, el descubrimiento de la conquista a fin de aliviar al primero de la inevitable carga polémica de la segunda. En mi opinión —como lo prueba la correspondencia de Colón con Luis de Santángel y Gabriel Sánchez—, dicha separación es imposible. ¿Podemos celebrar en verdad una extraordinaria proeza humana o técnica con independencia del contexto histórico en el que se produce: conmemorar, por ejemplo, la hazaña de Gagarin sin tomar en consideración el coste social, económico, cultural y moral impuesto al pueblo ruso por el régimen soviético; la de las inefables atletas y nadadoras rumanas prescindiendo del despotismo y megalomanía de Ceausescu y su demencial destrucción del patrimonio histórico de su patria; el lanzamiento sin duda revolucionario del primer modelo de coche utilitario alemán olvidando que fue obra de los nazis? No estoy estableciendo comparaciones históricas entre situaciones y episodios voluntariamente dispares, sino subrayando el hecho de que, no obstante sus grandes diferencias, existe entre ellos una conexión primordial: la de producirse en sociedades cerradas y aglutinadas en torno a un dogma político o religioso y en donde la ortodoxia triunfante se servía o se sirve de ellos para enmascarar toda clase de infamias.

Una breve ojeada al reinado de Isabel de Castilla nos ayudará a justificar mi aserción. Junto a los indudables aciertos de su gestión, prolijamente reseñados por nuestros historiadores, observaremos también, si nos sacamos las telarañas de los ojos, una acumulación importante de medidas y disposiciones que configuran el nacimiento de los Estados totalitarios en los tiempos modernos (algunas de estas medidas se habían tomado ya en los reinos de la Península y fuera de ella de forma gradual o esporádica antes de convertirse, entre 1474 y 1504, en un sistema de gobierno): establecimiento del Santo Oficio de la Inquisición con objeto de perseguir a los herejes y sospechosos de judaísmo y consiguiente celebración de autos de fe y construcción de quemaderos públicos; decreto de expulsión de los judíos no convertidos del 30 de marzo de 1492 en la recién conquistada Alhambra; creación de la Santa Hermandad, primer cuerpo de policía estatal que, aunque

destinado a la persecución de los malhecho-
res, se distinguió en seguida por sus abusos y
procedimientos expeditivos, lo que motivó
la oposición al mismo de las principales ciudades castellanas y andaluzas; pragmática de
1497 en la que se ordenaba quemar vivos a los
culpables de «delito nefando contra natura»;
decreto de expulsión de los «egipcianos y calde-
reros» (gitanos) so pena «de cien azotes y destierro perpetuo la primer vez, y de que les cor-
ten las orejas y estén sesenta días en la cadena
y los tornen a desterrar la segunda vez que
fueran hallados»; incumplimiento y posterior
revocación de las Capitulaciones de Granada,
que reconocían a los musulmanes sus libertades religiosas y culturales; quema de todos los
libros y manuscritos árabes ejecutada por Cis-
neros... Dejo a la inteligencia de los lectores
la tarea de comprobar las similitudes de este
periodo con lo acaecido en otros países en
tiempos mucho más recientes. Una obra como *La Celestina* fue la respuesta genial de un
joven de estirpe judía a la barbarie infligida a
los suyos por el totalitarismo religioso: expansión de un pesimismo cósmico, fruto de la dificultad de vivir entre las redes de aquel implacable mecanismo represivo.

    «Una sociedad se define no sólo ante el
futuro, sino frente al pasado», escribe Octavio
Paz, «sus recuerdos no son menos reveladores que

sus proyectos. (...) Aunque (...) estamos preo-
cupados por nuestro pasado, no tenemos una
idea clara de lo que hemos sido. Y lo que es
más grave: no queremos tenerla. Vivimos entre el mito y la negación, deificamos a ciertos
periodos, olvidamos a otros. Estos olvidos son
significativos: hay una censura histórica como hay una censura psíquica. Nuestra historia es un texto lleno de pasajes escritos con
tinta negra y otros escritos con tinta invisible.
Párrafos pletóricos de signos de admiración
seguidos de párrafos tachados».

Si bien el autor de la luminosa biografía
de Sor Juana se refiere a los mexicanos, sus observaciones se adaptan a nosotros como anillo
al dedo. La historiografía de Isabel la Católica
es ciertamente una historia llena de signos de
admiración y párrafos tachados. Sería, como es
obvio, lamentable sustituir hagiografías como
las del citado Walsh con otras obras que subra-
yaran tan sólo sus yerros y desafueros; pero su
reinado, pese a su matrimonio con Fernando
de Aragón y la toma de Granada, no puede de-
finirse como el de la *unidad de España* (de la que
quedaría excluida Navarra): fue más bien el
inicio de su desdichado proceso de *uniformidad*.
Ningún otro gobierno originó como el suyo
un retroceso tan grande de las libertades públicas y privadas, un acoso tan sistemático a las
minorías.

Volvamos, para terminar, al bicentenario francés y su conmemoración de los principios y libertades políticos e individuales generados por los acontecimientos de 1789, y comparémoslo con el nuestro. El descubrimiento de América por los españoles fue una grandiosa proeza técnica y humana que cambió el rumbo de la historia; pero los valores que encarna no tienen, como hemos visto, la misma vigencia y ecumenicidad: no podemos celebrarlo sin más, si su conmemoración no va acompañada de una reflexión sobre nuestra historia en esta fecha clave de 1492 y un rechazo saludable de sus leyendas y mitos. El proyecto no debe excluir el recuerdo. Las jornadas simbólicas de homenaje o reparación previstas para Sefarad en Toledo y Al-Andalus en Granada son un paso por este camino. Quedan todavía las que, no sólo a título póstumo, sino de actualidad ominosa, debemos a los indios.

(1988)

La singularidad artística y literaria de España

La cultura española se distingue de las demás culturas de la llamada Europa comunitaria por su occidentalidad *matizada*. Si su pertenencia al conjunto europeo no ofrece dudas —y la inclusión de España en el grupo de los Doce no ha hecho más que ratificarla—, presenta, no obstante, unos elementos y rasgos, fruto de su pasado histórico, singulares y únicos. La presencia de musulmanes en nuestro suelo por espacio de ocho siglos, aunque extirpada con violencia, ha dejado una huella perdurable en el idioma, hábitos, formas de convivencia, arte y literatura. Si a ello agregamos el papel desempeñado por una numerosa e influyente población judía que sirvió de puente o correa transmisora entre los compatriotas de las otras dos religiones del Libro, comprenderemos mejor que esa vertiente semita de España —pese a su supresión sistemática desde el reinado de los Reyes Católicos en nombre de la uniformidad religiosa y presunta limpieza de sangre— haya embebido hasta hoy nuestras costumbres, conducta y carácter

incluso de modo inconsciente y por vías so-
terradas.

Las conmemoraciones del Quinto Centenario, esto es, de la fecha de 1492 en la que
no sólo acaeció el *Descubrimiento* de América,
sino también la caída del último reino musul-
mán de la Península y expulsión de los judíos,
incluyen, como modesta y tardía reparación,
un homenaje a Al-Andalus y Sefarad, a la España musulmana y judía víctimas de nuestras
absurdas mitologías góticas y del fanatismo
inquisitorial. Pero la celebración de estas dos
entidades abstractas, desconectadas de la realidad que las engendró y de la que a su vez
engendraron, al pretender rehabilitar un pasado muerto y exorcizar así nuestra conciencia culpable, ¿no corre el riesgo de ofrecer la
visión idealizada de una España tolerante y
plural, en la que la convivencia de tres religiones y castas habría sido ejemplar e idílica?
La realidad desenterrada por historiadores como Américo Castro, Torres Balbás, Domínguez Ortiz y Márquez Villanueva, además de
numerosos hispanistas franceses, ingleses, alemanes y norteamericanos, trivializada y difun-
dida hoy por razones de oportunismo político,
no se ajusta del todo con la solemnizada por
nuestros programadores culturales, ya que
éstos dejan de lado una serie de contrastes,
ósmosis y mestizajes que promovieron aún

siglos más tarde nuevas y fecundas manifestaciones de vida.

Hubo en la España medieval, tanto musulmana como cristiana, períodos de abertura e intolerancia, de acercamiento y rechazo. Si los cristianos de Al-Andalus disfrutaron por lo general de un régimen de libertad, y dicha situación se extendió más tarde a los musulmanes que habitaban los reinos cristianos del norte de la Península, no debemos olvidar que algunos de los representantes más destacados de la cultura hispano-árabe, como Ibn Hazm, Ibn Masarra o Ibn'Arif, sufrieron persecuciones por parte de sus congéneres almorávides y almohades, especialistas también en la quema de manuscritos. Con todo, lo importante no es esto. Lo que configura decisivamente la diferencia española radica en la convivencia recíprocamente impregnadora entre las tres comunidades étnico-religiosas. Los cristianos de Al-Andalus, llamados mozárabes, comentaban en árabe sus textos sagrados latinos y crearon unas formas artísticas y una liturgia propias que todavía subsisten. Más notable y trascendente aún es el caso de los mudéjares o musulmanes tributarios de los reyes de León, Aragón y Castilla. Sus alarifes construyeron las primeras iglesias en los siglos IX y X como si fueran mezquitas, tallaron estatuas admirables, erigieron toda suerte de

edificios, palacios y monumentos absolutamente únicos en el ámbito del Occidente europeo. Paralelamente a este fértil mudejarismo artístico, un no menos sorprendente
mudejarismo literario enriqueció las letras de
la Península. La literatura castellana fue en
sus comienzos una literatura mudéjar, en la
que los elementos de la tradición latina y de
influencia francesa procedente del norte se
mezclaban con formas y temas de la literatura
árabe y aun de las literaturas de Irán y la
India, vertidas al árabe y transmitidas a Europa por la escuela de traductores judíos de
Toledo. Sin este mestizaje creador nuestra literatura medieval no existiría o sería distinta.
La notable originalidad de los textos mudéjares, como observó agudamente Castro, procede sin duda del hecho de haber sido escritos
en un ámbito cultural abierto, sin restriccio-
nes lingüísticas ni modelos impuestos, como
sucedió después con la llegada desde Italia de
los gustos y normas renacentistas. Si la arquitectura mudéjar, junto a la gótica, encarna a
nuestros ojos, como advirtió muy bien Gaudí,
el arte más inspirado y auténtico de la España
profunda, ello se debe a la peculiar historia de la
Península y su semitización solapada. El desen-
fado de que hace gala el Arcipreste de Hita
tocante al tema erótico en su *Libro de buen amor*
no se explica únicamente en función de los

joca monachorum y la tradición goliarda: proviene asimismo de su experiencia mozárabe y su contacto con los libros orientales cuya lectura prohibió a los clérigos Alfonso X. Obras como *La Celestina* y *La lozana andaluza* son producto genuino de esta misma singularidad histórica, cuyo mudejarismo se prolonga por vías misteriosas en la poesía de San Juan de la Cruz y, en virtud del trato de Cervantes con el mundo islámico durante su cautiverio en Argel, en el «manuscrito arábigo» del *Quijote*.

Sí, España es diferente, aunque nuestros europeístas a ultranza lo nieguen y los historiadores tradicionales hayan destacado en exclusiva sus elementos gótico-romanos a expensas de los árabes y judíos. ¿Quién puede negar hoy el papel primordial de los conversos o de sus descendientes más o menos cristianizados en este Siglo de Oro que Américo Castro llamó con acierto Edad Conflictiva a causa de su desgarro interno y luchas intercastizas? Fray Luis de León, Teresa de Ávila, Mateo Alemán, Cervantes, Góngora... La lista sería larguísima. Pocos españoles saben hoy que nuestro tradicional «si Dios quiere» es una mera traducción del *inch'allah,* como nuestro «olé» del *wal-lah,* o que el apareamiento de huevos-testículos o semenleche proviene de nuestros vecinos meridionales. Frente a la tradición eclesiástica —de San Pablo, San Ambrosio y San Agustín— de odio al sexo y menosprecio a la mujer, se escribieron en catalán y castellano dos adaptaciones del *Kama-Sutra* y su pléyade de tratados amatorios árabes, el último de ellos por un morisco español desterrado en Túnez.

La quiebra de esta abigarrada y fructífera sociedad medieval se manifestó, desde el reinado de los Reyes Católicos, en un acoso implacable cuyo objetivo se extendió más allá de las dos comunidades vencidas. La búsqueda de la uniformidad ideológica y de una obsesiva pureza de sangre desarraigó de nuestro suelo a erasmistas y protestantes, místicos y alumbrados, científicos y humanistas. Todos sufrieron persecución por parte del Santo Oficio y fueron a parar simbólicamente al infierno imaginado en sus *Sueños* por Quevedo, para quien únicamente los militares y curas de olla merecían ser salvados de la quema. Consecuencia natural de ello fue la extinción paulatina de nuestro generoso impulso creador en una atmósfera enrarecida y asfixiante. El admirable barroco hispano y los Autos Sacramentales de Calderón son el canto del cisne de una cultura petrificada en su culto a la pureza e inmovilismo: de esa España fantasmal y hechizada, magistralmente descrita por Carlos Fuentes en su novela *Terra Nostra,* cuando el país se descolgó intelectualmente de Europa y entró en un periodo de *vacaciones históricas* con cuyas consecuencias apechamos aún.

Muy significativamente, los escritores y artistas de mayor enjundia de la segunda mitad del siglo XIX vuelven la mirada hacia un pasado español sepulto y exorcizado, pero siempre presente en nuestra conciencia: el de la España diversa, tolerante y mestiza. La presencia de musulmanes y judíos en la obra novelística de Galdós es, como señala Castro, un buen botón de muestra. Gaudí, probablemente el arquitecto más genial de los tiempos modernos, supo engarzar su visión creadora de la naturaleza con el arte mudéjar y la arquitectura de las mezquitas sursaharianas y egipcias.

El tradicional complejo de inferioridad tocante a nuestro retraso y las causas que lo engendraron ha perdido su razón de ser. En la Europa en la que España se ha integrado, nuestra diferencia no ha de ser ya motivo de crispación, y un recordatorio molesto: la huella judeo-musulmana de la Península, manifiesta aún en todos los campos del arte y la literatura, es al contrario la expresión de una riqueza y originalidad de la que todos deberíamos enorgullecernos.

(1992)

IV.

Un orden mundial distinto

En la euforia subsiguiente a la caída del muro de Berlín y liquidación por derribo de los regímenes opresores del Este, fuimos muchos quienes creímos con optimismo en el advenimiento de una nueva era. Como en el mayo francés de 1968, pero a escala universal, vislumbrábamos la posibilidad de un mundo más libre y desembarazado de hipotecas, en el que la *dinámica moral* engendrada por el triunfo de las aspiraciones populares de Praga a Moscú induciría a un proceso de reflexión general sobre los problemas insoslayables que hoy nos afectan: el brutal desequilibrio de las relaciones Norte-Sur, la protección apremiante de nuestro ecosistema.

Lo sucedido a lo largo de los dos últimos años nos ha mostrado a las claras la índole ilusoria de tal esperanza. La síntesis de ideocracia y burocracia que cimentaba el llamado *socialismo real* del Elba a Vladivostok ha provocado al desplomarse con una rapidez impensable, la emergencia —junto a un feroz apetito consumista de los pueblos sometidos a aquél, encandilados por el escaparate de prosperidad de la sociedad occidental—, del viejo discurso nacional-religioso como *valor refugio:* religiosidad vuelta de nuevo al pasado; nacionalismo que predica un retorno a las esencias y fomenta lo privativo. El fenómeno es general y hace aflorar a la superficie uniformizada por setenta años de seudocomunismo, los viejos fantasmas racistas que creíamos expulsados: catolicismo nacional polaco veteado de antisemitismo, milenarismo esencialista serbio opresor de los albaneses de Kosovo, luchas interétnicas en Moldavia y el Cáucaso, etcétera. El hundimiento del sistema económico del Este y la aspiración a una vida mejor provocan a su vez fenómenos migratorios de un alcance desconocido desde hace siglos. Simultáneamente amenazada por el Este y por el Sur, la Europa de los «doce» empieza a echar de menos los telones de acero protectores y los muros derruidos. Economistas, sociólogos, estadistas, policías, discuten el modo de defenderse frente a los *invasores* y lo que algunos llaman ya *quinta columna tercermundista* asentada en el interior de la *fortaleza.* La costosísima acumulación de armas ultramodernas dirigidas contra el bloque soviético se ha revelado inútil. En vez de los temidos tanques rusos, nos encontramos con el espectáculo brechtiano de un ejército de parados: de un *Madre Coraje* escenificado con el humor negro de Valle-Inclán. Los titulares de la prensa sensacionalista sobre la «plaga afroasiática», trasplantes masivos de población, rebelión de los guetos, fanatismo islamista, azuzan los reflejos defensivos y chovinistas del público con su visión apocalíptica del futuro de la *casa común europea*. La invasión de Kuwait y la *petrocruzada* occidental han acabado de barrer las últimas ilusiones en una era de paz y planteamiento sereno de los problemas que nos asedian.

La desaparición de la URSS como potencia mundial y el justo descrédito y hundimiento de su modelo de sociedad han despejado el terreno y consagran la victoria de los paladines de una libertad económica sin trabas encarnada en nuestras sociedades democrático-consumistas. Pero basta dar una ojeada al mundo actual, configurado por la creciente división entre países ricos y países pobres y la intervención decisiva del complejo militar-industrial de la ya *única superpotencia* para advertir que el rey está desnudo y lo sabe: el chantaje a la amenaza comunista ha perdido su razón de ser y, como muestran los acontecimientos de Oriente Próximo, de organización defensiva antisoviética, la OTAN ha pasado a ser una fuerza de policía planetaria destinada a apuntalar los intereses de Washington y algunos de sus socios en la zona del Golfo.

En un momento en que, tras diez años de reaganismo, Norteamérica acumula un déficit pavoroso, exporta brutalmente su inflación y deja en el desamparo e indigencia a millones de sus propios ciudadanos, un simple examen de su presupuesto y la *parte de león* de sus gastos militares muestra la escala aberrante de sus prioridades y la voluntad de extender su poder militar en perjuicio de su buena salud económica. A falta de resolver los asuntos planteados en casa, la política de Bush prosigue su *fuite en avant,* obedeciendo a una lógica que no tiene en cuenta los intereses a largo plazo. Como escribía recientemente el ex consejero del presidente Carter, Zbigniew Brzinski, «obtener la destrucción de Irak al precio de la explosión de todo el Oriente Próximo no podría ser justificado como un cálculo racional». La advertencia de los expertos acerca de los terribles efectos de un Chernobil multiplicado por diez en caso de conflicto bélico topan también con oídos sordos. El objetivo de preservar el dominio de Washington sobre el petróleo árabe vale a lo que parece el despilfarro armamentístico de Occidente y los riesgos bien reales de una catástrofe económica y ecológica mundial.

«Nuestro tipo de capitalismo», señala un conocido profesor de Sociología de Berkeley, «es salvajemente destructivo, fundado en el provecho inmediato y la negación de las responsabilidades cívicas». La perspectiva económico-política de los noventa le da la razón: la victoria del liberalismo a ultranza como panacea universal a todos los males, en vez de consagrar el triunfo de la ética y la justicia nos enfrenta a la ley de la selva. La conquista de los enjundiosos mercados del Este y la conversión paulatina de los antiguos burócratas de la nomenclatura en *caballeros de la industria* no deben ocultarnos la realidad: las leyes implacables del mercado favorecen al fuerte en detrimento del débil y, cada vez con mayor nitidez, contemplamos el poco edificante espectáculo de unos islotes de sociedades prósperas y, en el caso de Norteamérica, Europa Occidental y Japón, democráticas, flotando en un océano de miseria e iniquidad. Entrampados hasta el cuello, obligados a vender sus materias primas al precio dictado desde fuera, incapaces de pagar los intereses acumulados de su deuda externa, la mayoría de los Estados que representan las cuatro quintas partes de la humanidad continúan hundiéndose en un pozo sin fondo. El remedio que les proponen los organismos internacionales significa agravar aún, al menos temporalmente, una situación de por sí insostenible. Las ayudas consentidas por algunas potencias occidentales a sus clientes de África, Asia y Latinoamérica no redundan en beneficio de unos pueblos postrados por el hambre, enfermedades endémicas e ignorancia, sino de las élites indígenas que los explotan asociadas a aquéllas. Las estadísticas del Banco Mundial revelan con siniestra elocuencia que, no obstante las proclamas humanitarias de los gobiernos ricos y democráticos del Norte, la expoliación continúa: en 1989, los países pobres del Sur suministraron al Club de los Cresos la nadería de 42.900 millones de dólares. Existen muchos medios de robo, agresión y saqueo, y del mismo modo que en todos los países de la Tierra, el ladrón callejero pillado *in fraganti* es unánimemente condenado por la opinión y la justicia a penas severas mientras quien, prevaliéndose de sus buenas relaciones e influencias, amasa ilegalmente una gigantesca fortuna es saludado por doquiera como un magnate o *mago de las finanzas,* así la unanimidad moral promovida por el asalto a mano armada de Kuwait por Sadam no debe hacernos olvidar la existencia de otras formas de apropiación y enriquecimiento no sólo más eficaces y discretas, sino arropadas incluso, por contera, con un manto de dignidad.

Resulta en verdad irónico que los mismos que pillan los bienes ajenos, mantienen en el poder a gobiernos autócratas y corruptos, fabrican y venden armas mortíferas, fomentan la existencia o prolongación de guerras locales necesarias para el buen funcionamiento de sus industrias o destruyen inconsideradamente la naturaleza con sus residuos contaminadores sean hoy los detentadores del bello discurso ético sobre la justicia internacional, democracia y derechos humanos. La hipocresía y egoísmo de los poderosos nunca habían llegado a tales extremos.

A quienes denunciamos desde hace años la falsa alternativa propuesta por los defensores del *socialismo real* —un remedio en verdad peor que la enfermedad—, el derribo de éste por sus supuestos beneficiarios nos ha desembarazado de la engorrosa tarea de luchar en un doble frente y eliminado de golpe nuestros escrúpulos e inhibiciones tocante a la multiplicación vertiginosa de los males engendrados por las sociedades regidas por un liberalismo económico *salvaje.* Cuando la «amenaza» que se cierne sobre Europa no es ya la de los 60.000 tanques del Pacto de Varsovia, sino la de millones de parados y hambrientos procedentes de la Europa Oriental, nuestra posición ante un mundo gobernado por un capitalismo irresponsable que nos conduce en derechura al desastre no puede ser la misma: en lo que a mí concierne, me ha transmutado de modo radical.

Una nueva izquierda heredera del legado de Rousseau, Humboldt, Bakunin y Chomsky —y, ¿por qué no?, de los valores de espiritualidad de Ibn Arabi—, sensible al despilfarro delirante de los presupuestos militares, al pillaje del Sur por el Norte, a la devastación sistemática de nuestro planeta con sus mares contaminados y bosques enfermos, es una necesidad. Quienes apostamos por la razón y la coexistencia pacífica entre diferentes culturas y credos, apoyaremos o combatiremos a los partidos políticos en función de su posición ante tales problemas. Reducción racional de los ingentes y absurdos gastos militares, reconversión de las industrias armamentísticas conforme a las necesidades más perentorias de la sociedad civil, una mayor equidad en las relaciones económicas mundiales, ayuda controlada a los países más desfavorecidos, protección de las minorías, antirracismo, serán los criterios con los que deberemos juzgarlos.

Una última observación: cuando España bate gloriosamente la plusmarca europea en cuanto al mayor porcentaje de racismo el silencio de los intelectuales *posmodernos,* sincronizados a la nueva cultura mediática, resulta alarmante. Una sociedad sin voces críticas deja de ser una sociedad *viva* para convertirse en una sociedad *vacía,* en donde el espectáculo de la política o, por mejor decir, la política como espectáculo, suplanta no sólo la reflexión ética, sino la conciencia misma de la realidad.

(1990)

La Europa del miedo

Una escena trivial un día cualquiera, en la terminal de viajeros de Barajas. Los recién desembarcados del avión procedente de Casablanca se aproximan, pasaporte en mano, a las ventanillas de control de la policía. Quien me precede en la cola compendia en su persona los rasgos y características del sujeto de *mala pinta*: piel morena, pelo ensortijado y, pese a la corrección de su atuendo, un no sé qué que delata su origen modesto. Cuando le llega el turno y tiende el pasaporte al agente, éste recorre con prevención las páginas profusamente estampilladas. «Te gusta España, ¿eh?», dice a media voz, como si hablara consigo mismo. «¿A qué vienes tanto aquí, a *ligar*?» Mi vecino finge no oírle o simplemente no le entiende. «¿Turista?» «Sí, turista.» «Vamos a ver, *¡la pasta, la pasta!*» A riesgo de meterme en chilaba de once mil varas, intervengo para aclarar la palabreja: «El policía quiere que le muestre el dinero que lleva encima.» «Y tú, ¿quién eres?», me pregunta el agente sin separar la vista del pasaporte, al que no deja de manosear y dar vueltas como si dudara de su autenticidad. «¿Viajas con él?» «¿Quién le ha dado a usted el permiso de tutearme?», le digo. «Que yo sepa no es usted amigo ni familiar mío.» El hombre me examina unos segundos: «Perdóneme, se me ha escapado.» Y, tras una breve pausa, esforzándose en parecer amable: «El reglamento, en efecto, prescribe el uso del usted.» «Si el reglamento prescribe esto no veo por qué se ha dirigido usted a este señor en la forma en que lo ha hecho. ¿Lo habría tratado así si hubiera sido norteamericano o alemán?» Ya está. He armado otra vez el fregado mientras mi interlocutor alza la voz y los pasajeros de atrás se impacientan. Discusión, amenazas veladas, intercambio de réplicas en tanto que el causante involuntario del incidente permanece mudo, enseña su carné de cheques de viaje y se escabulle asustado cuando el agente estampilla por fin su pasaporte. Había llegado a Madrid en un día soleado, contento de mi visita, y en el espacio de unos minutos mis buenos sentimientos y disposición de ánimo han dado paso a una cólera sorda y el deseo de tomar el primer avión de regreso. El *welcome to Spain* me ha jodido el día.

Episodios como el narrado suceden diariamente desde hace años en las fronteras y aeropuertos de nuestro continente, y hasta fecha reciente formaban parte de una realidad más ingrata que amenazante. Mi larga experiencia de viajero, testigo de la discriminación étnica practicada en la mayoría de Estados europeos, me ha procurado espectáculos de todo jaez infinitamente peores que aquél: árabes groseramente insultados, paquistaníes sometidos de modo gratuito a humillantes cacheos, africanos indocumentados arrastrados con esposas al avión que les devolvía a la miseria de la que huyeron, empleados del aeropuerto de Niza arrojando violentamente al suelo, al descargarlas, las maletas de los inmigrados de un vuelo procedente de Argelia. Las cosas podían tomarse, con una dosis de pesimismo desengañado, como expresión de un nacionalismo exacerbado o la creencia en una superioridad inmanente, pero el racismo sectorial y diluido de las pasadas décadas ha cobrado cuerpo en la nuestra: la amenaza inconjurable del paro, crisis económica, inseguridad urbana, etcétera, angustia a un número creciente de personas de distintos medios sociales y las convierte en juguetes de la demagogia y el miedo, ayer Hitler, hoy F. J. Strauss o Jean Marie Le Pen.

Ser árabe en Francia, *moro* en España, africano en Bélgica, turco en Alemania, significa vivir la pesadilla cotidiana de los controles arbitrarios, afrentas sin motivo, agresividad difusa. Las tribulaciones del músico marroquí Mohamed El Buzidi en el periplo de una noche madrileña resultan perfectamente lógicas si en la primera página de un conocido y respetado diario de la ciudad el editorialista afirma lleno de alarma que «se nos mete la morisma en casa» y en la cubierta de un popular semanario aparece una bandera española apuñalada por una daga sarracena con la leyenda en verdad sugestiva de «El islam nos penetra» sin que nadie, que yo sepa, proteste o alce la voz contra semejantes falacias y agravios. Con todo, no obstante los atropellos de que ha sido víctima en los últimos tiempos nuestra comunidad gitana, el proceso de xenofobia que vive España es comparativamente menos grave que el de otros países en donde, como Alemania o Francia, los asesinatos racistas, homicidios policiales e incendios criminales de viviendas habitadas por inmigrados son hiel de todos los días.

Leer la prensa europea de las pasadas semanas es internarse en un mundo anacrónico en la medida en que el lector asiste hipnotizado al retorno de una barbarie que creía definitivamente barrida: mientras Le Pen, agitando y barajando con habilidad los espectros del sida y la inmigración moteja de *sidaicos* a los afectados por el síndrome (todo parecido con *hebraico* es pura coincidencia), propone su envío a *sidatorios* (la inmediata asociación de ideas con crematorios, ¿sería perversa?), reclama la expulsión de todos los inmigrados de origen no europeo (eso sí, «con elegancia» y «a la francesa»), el mismísimo ministro del interior, Charles Pasqua, habla de organizar trenes especiales para conducir a la frontera a los extranjeros en situación irregular en el momento en que, como han apuntado algunos comentaristas, las incidencias del proceso de Klaus Barbie traen a la memoria la imagen siniestra de los que transportaban a los judíos a las cámaras de gas de Auschwitz. En Alemania, el Gobierno democristiano acaba de publicar una disposición conforme a la cual la policía de fronteras de la República Federal dispondrá de la portentosa facultad de vetar la entrada en el territorio nacional a toda persona sospechosa de ser portadora del virus. Aunque, presionado por la oposición socialdemócrata y los Verdes, ha modificado levemente el texto estableciendo la cláusula de una consulta con los mandos, la arbitrariedad sigue siendo la misma. Si se tiene en cuenta el ambiente que hoy se respira en Europa, no resulta aventurado suponer que mientras los viajeros de los países miembros de la Comunidad —con excepción tal vez de los *hippies* y *punks*— gozarán a ojos de los aduaneros de una salud envidiable, los inmigrados de tez oscura presentarán, en cambio, todos los síntomas de una imaginaria *seropositividad.* La doble obsesión racista y patológica —presente en personajes tan dispares como Quevedo y Hitler— se remonta en verdad hasta las primeras décadas del pasado siglo, y quienes ahora especulan con ella con fines electorales no hacen sino seguir la pauta de los antisemitas europeos de la época del proceso Dreyfus y de la redacción fraudulenta por la policía zarista del *protocolo de los sabios de Sión*. Como decía Xavier Ballat, comisario general de cuestiones judías en el Gobierno de Vichy, había que «defender el organismo francés del microbio que lo conducía a una anemia mortal».

Que en medio de esa cacofonía y desinformación programada los ministros de Interior y Justicia de nuestro Gobierno socialista hayan propuesto la creación, a escala europea, de *espacios de acogida* para los inmigrados en situación irregular o dudosa me parece particularmente grave. El eufemismo e imprecisión de la fórmula se prestan a todo tipo de interpretaciones y los destinatarios de la *acogida* tienen derecho a imaginar lo peor. Pues esos *espacios* tan imprecisos y abstractos, ¿en qué consistirían realmente? ¿Serían albergues, cuarteles, cárceles, exquisitos jardines de concentración? ¿Tendrían alambradas o algún otro medio de protección electrónica para asegurar la impermeabilidad del cordón sanitario establecido en torno a los *huéspedes?*

La concepción de Europa como un club exclusivo de socios ricos —aunque con bolsas cada vez mayores de pobreza— se sitúa en los antípodas del ecumenismo y apertura que forjaron la grandeza de su cultura. La proliferación de los *Türken raus, Nègres dehors, Moros fuera* es el indicativo de que nos aproximamos a un punto de ruptura de consecuencias desastrosas para el proyecto de sociedad pluralista y tolerante que de palabra, y de forma un tanto retórica, todos los demócratas sostenemos. La Europa unida de la que tanto se habla no puede ni debe ser la Europa del miedo.

(1987)

Del muro de Berlín a la travesía del Estrecho

La caída del muro de Berlín en 1989 fue acogida con júbilo no sólo por la totalidad del pueblo alemán, sino por la de los demás pueblos del continente: con el final abrupto del chiste sobre el *socialismo real,* Europa parecía encaminarse hacia una época de libertad fraterna, regida por unos principios de mayor tolerancia, compasión y justicia. Dos años y medio después sabemos que esta ilusión fue un breve sueño engendrado por la euforia del momento. Nacionalismos exclusivistas, conflictos étnicos, viejas querellas religiosas, desencadenan en su suelo guerras civiles, terrorismo ciego, persecución de minorías, racismo militante, xenofobia. Un nuevo muro protector —sin alambradas, campos de minas, atalayas ni fosos, pero igualmente eficaz y mucho más mortífero— se erige en torno a la fortaleza de los Doce. A los vejámenes y expulsiones sufridos por los candidatos a la emigración oriundos de Asia, África e Iberoamérica en sus aeropuertos y pasos fronterizos se agrega esa triste cosecha de la *travesía de la muerte* constituida por la zona costera andaluza vecina a Marruecos. Kreuzberg y la Puerta de Brandeburgo han sido sustituidos por El Ejido, Tarifa y el Campo de Gibraltar. Por razones geográficas, España se ha convertido en la Marca Comunitaria, encargada de velar por el orden y tranquilidad del Club de los Cresos.

El nuevo *telón de oro* presenta con todo notables diferencias con el establecido antaño en los países satélites de la Europa oriental. Los dispositivos disuasorios de las difuntas *democracias populares* no existen ya. Los emigrantes que tientan la aventura de cruzar el Estrecho, hacinados en pateras y minúsculas barcas, no son retenidos a la fuerza por las autoridades de sus países: son tan sólo las víctimas de la pobreza y de los desaprensivos que aprovechan su apuro para lucrarse, empujándoles a desembarcar temerariamente en unas costas sometidas a estrecha vigilancia y, a veces, a la muerte por asfixia o ahogamiento. La policía española tampoco dispara sobre ellos: se limita a apresarlos en sus redes y devolverlos vivos o muertos a su punto de partida. Y sobre todo, mientras la Europa libre mantenía ayer sus ojos fijos en el muro para acoger solidariamente a quienes lo cruzaban, hoy vuelve desdeñosamente la espalda al drama de los fugitivos, como si el problema no le concerniera. Situados en primera fila del escenario de tanta desdicha humana, cerramos los ojos al mismo o lo observamos con anteojos, como esos californianos o tejanos, de la frontera, para quienes la caza y captura de los *wetbacks* por las patrullas de vigilancia constituyen tal vez el único lance satisfactorio de su tediosa y rutinaria jornada.

Pueblo de grandes emigraciones económicas y políticas durante varias décadas del presente siglo, hemos olvidado por completo la buena acogida dispensada a nuestros paisanos en los países de Iberoamérica; el refugio que hallaron en ella, así como entre las poblaciones indígenas de Marruecos y Argelia, los republicanos derrotados en la guerra civil; nuestro éxodo de dos millones y pico de personas a Francia, Alemania, Suiza y el Benelux entre 1955 y 1970 en busca de mejor vida y aires de libertad. Cómodamente instalados en nuestra privilegiada situación de *nuevos ricos, nuevos libres* y *nuevos europeos,* asistimos impasibles a la escenificación cruel del propio pasado. Una amnesia histórica casi general se ha apoderado de nosotros. Nadie reclama la caída del Muro: esta vez contemplamos los toros desde la barrera.

En una sociedad competitiva y feroz, consagrada exclusivamente a la busca del bienestar material y el culto al dinero y el éxito, las *historias tercermundistas* desentonan y vienen a redropelo. Términos como *solidaridad* y *equidad* han sido evacuados de nuestro léxico. Y, paulatinamente uniformados por la seudocultura mediática, tendemos a agruparnos como clase frente a lo inasimilable y foráneo, aceptamos sin escrutinio las imágenes y estereotipos que nos prodigan los medios informativos en mal de ventas. Nuestro empobrecimiento espiritual se acompaña así de una arrogancia y engreimiento fundados en la presunta excelencia de la competitividad promovida al rango de ideología universal. Los países y pueblos que no han sabido, podido ni querido adaptarse a ella merecen su suerte y nuestro desprecio. Quienes nos rebelamos contra esa actitud y estado de cosas somos tildados de *tercermundistas* retrógrados y predicamos en el desierto.

La facilidad y rapidez con las que hijos o nietos de emigrantes hemos borrado el recuerdo de la odisea ultramarina de nuestros abuelos o padres para convertirnos en eurócratas de corazón seco y afilada sonrisa, desechando el conocimiento y aprendizaje del dolor que antes nos ennoblecían, ¿es consecuencia de los límites de la mísera condición humana o hay que atribuirlas a causas contingentes e históricas? La respuesta no es fácil, y sólo una lectura atenta de autores como Rousseau, Wilhelm von Humboldt, Bakunin y Chomsky —por mencionar tan sólo a los del área cultural en la que nos movemos— podría ayudarnos a formularla. Lo cierto es que mientras el ser humano ha desenvuelto prodigiosamente sus facultades en el curso de los últimos siglos en el campo del saber y la ciencia, su sentido ético y conducta social muestran en apariencia una patética imposibilidad de mejora.

El egoísmo, corrupción, crueldad, afán de acumular poder y riqueza, arrogancia, insensibilidad a la desdicha ajena, son hoy idénticos a los descritos por Sófocles, Shakespeare y el autor de *La Celestina*. ¿Cómo explicar esa dicotomía? ¿Será que las aplicaciones prácticas de la técnica y ciencia descubiertas por una pequeña minoría de sabios y especialistas redundan en favor del bienestar material de los países y sectores privilegiados de la humanidad mientras que los valores morales y políticos de igualdad, justicia y autocreatividad chocan con los intereses directos de éstos? La exclusión de clases, grupos sociales, naciones y continentes enteros, culturalmente incapaces, se nos dice, de acceder al liberalismo sin trabas, motor del progreso, ¿no refleja acaso el universo lúcidamente previsto por Bakunin, en el que una nueva jerarquía de mandarines técnicos y especialistas —los *fundamentalistas de la tecnociencia*— deciden sobre la vida y muerte de la inmensa mayoría de los humanos —como se vio bien claro en la carnicería del golfo—, imponiendo, con la ayuda de una desinformación generalizada, lo que el gran pensador libertario denominaba «el más aristocrático, omnímodo, arrogante y elitista de todos los regímenes»? Sólo el control democrático del saber y experiencias científicas podría poner coto al poder de esos modernos aprendices de brujo y devolver a la humanidad entera el dominio de su propio destino. No obstante, ni los Gobiernos ni los principales partidos políticos comunitarios se plantean siquiera el problema. Las diferentes propuestas electorales no tienen en cuenta lo que juzgan tal vez «insignificantes detalles».

Mas volvamos la vista a la España de hoy. En una reciente intervención ante el Parlamento de Estrasburgo llevaba conmigo un bien documentado pliego de cargos destinado a sostener la verdad de mis asertos acerca de los asesinatos, agresiones, incendio de viviendas, mezquitas y albergues de los que son diariamente víctimas las comunidades gitanas, magrebíes, africanas, indopaquistaníes y turcas en la muy democrática Europa comunitaria. Hoy juzgo esta precaución totalmente superflua. Los hechos suceden a la vista de todos: para percatarse de ello basta con hojear nuestra prensa. Como para atizar el fuego, prejuicios, generalizaciones calumniosas, titulares alarmistas, están a la orden del día. Tomemos el caso de los gitanos, a quienes algún periodista califica nada menos que de *extranjeros* pese a su bien probada —y sufrida— españolidad desde hace cinco siglos y medio: mientras la rápida evolución económica de nuestra sociedad ha incidido negativamente en su nomadismo y medios de vida, eliminando sus oficios tradicionales y arrinconándoles en guetos, nadie o casi nadie parece haberse tomado la molestia de analizar las consecuencias de este etnocidio ni proponer el consiguiente remedio. El que grupos de jóvenes parados y analfabetos, empujados a la marginalidad por la dinámica competitiva reinante, hayan hallado un *modus vivendi* en el tráfico de drogas ha fomentado, en cambio, de inmediato la equiparación del gitano con el *camello,* poniendo así en la picota no a un puñado de delincuentes —gitanos y payos—, sino al conjunto de la comunidad romaní española. Actitud puramente xenófoba cuya irracionalidad se pone de manifiesto en el hecho de que responsabiliza a aquélla de su propia marginalidad e impide al mismo tiempo su adaptación a las nuevas condiciones sociales destruyendo sus viviendas y escuelas e imposibilitando el acceso a las aulas de los niños y niñas gitanos deseosos de alfabetizarse. Bien es cierto que las posturas *castizas* sobre el tema no se han distinguido nunca por su lógica —¡hace cuatro siglos, un popular dramaturgo cristiano viejo sostenía por ejemplo la hidalguía o sangre limpia de Jesús *por parte de María!*—: los prejuicios atávicos contra moros, judíos, gitanos y negros emergen con la misma zumba cruel en el presente que en los versos satíricos de Quevedo. El *lapsus linguae* del honorable presidente de la Generalitat, rechazando indignado la supuesta «gitanería» de los catalanes, revela a las claras la fuerza de los mecanismos que rigen todavía nuestro subconsciente.

Mientras, según pude comprobar recientemente, docenas de senegaleses y ciudadanos de otros países de África occidental vagan por los alrededores del puerto y el zoco chico de Tánger o contemplan desde algún mirador la costa cercana e inalcanzable de España, aguardando como numerosos autóctonos la arriscada ocasión de cruzar el Estrecho sin ser detectados por las patrullas de vigilancia ni perecer desastrosamente en el intento, la situación de millares de indocumentados, sujetos a la explotación de los negreros y acoso de las autoridades, evoca lances y escenas sombríos de épocas que creíamos desvanecidas para siempre. No voy a repetir ayes ni lamentos ni traer a la memoria las predicciones pesimistas, desdichadamente cumplidas, expuestas por mí y por otros en la prensa española de los últimos diez años. La aprobación de leyes inicuas, cláusulas restrictivas y discriminatorias, expulsiones y acciones represivas de todo orden no han logrado detener ni detendrán esa temida invasión por goteo en tanto que las diferencias brutales entre Norte y Sur, entre las sociedades ricas y el océano de pobreza que las rodea no se atenúen con las medidas de sustancial ayuda económica destinada a crear puestos de trabajo y condiciones idóneas para prevenir dicho movimiento. Hablar de la *bomba demográfica islámica* y especular perversamente con la vista puesta en el Sur, sobre el *nuevo imperio del mal* no contribuye, desde luego, a aclarar el problema creado por el desigual reparto de la riqueza y el pillaje de las sociedades atrasadas en beneficio de las opulentas. La exhibición deslumbrante de productos de lujo en nuestras televisiones, capaz de lanzar a naciones enteras a una travesía del mar Rojo, como ocurrió el pasado año en Albania, actúa de imán respecto a millones de personas privadas de la satisfacción de las necesidades más elementales. Las situaciones de precariedad y semiesclavitud creadas por la Ley de Extranjería y la homologación de nuestra legislación con la de los demás países comunitarios se prolongarán así indefinidamente si no nos enfrentamos a sus causas. ¿A cuántas tragedias, naufragios, ahogamientos, capturas de clandestinos, deberemos asistir para salir de nuestra atrofiada moral y sacudir nuestra indiferencia? Esperar que quienes encauzan los modelos y aspiraciones de nuestra sociedad —de esa sociedad en la que el número de cuartos de baño de las villas y palacetes edificados por los dioses y diosas de su Olimpo, en vez de inquietar irónicamente a sus miembros por el plausible flujo de vientre de aquéllos, es objeto de envidia y mal disimulada admiración— se decidan a adoptar las disposiciones adecuadas a los principios y normas que teóricamente les guían sería una pérdida de tiempo. Únicamente la acción coordinada de los diferentes colectivos gitanos, de inmigrantes e indocumentados en conjunción con las asociaciones de derechos humanos y grupos políticos y sindicales podría librarnos de nuestro odioso papel de guardianes de la Marca Comunitaria, del sueño sosegado de los eurócratas. He dejado ya de creer en la eficacia de los artículos de prensa, conferencias y mesas redondas. Hay que dar un paso más: recurrir a todo tipo de acciones cívicas y medios legales para combatir el racismo, xenofobia y hostigamiento de los inmigrados. La pasividad y silencio son los mejores cómplices de quienes se proponen fortalecer y eternizar el nuevo muro de la vergüenza y cierran los ojos al indigno espectáculo de

la marginación étnica y el número de cadáveres inocentes arrastrados por la marea a la orilla de nuestras playas.

(1992)

El crimen de la estación de Chamartín

I

Hay obras del patrimonio nacional cuya defensa de todo riesgo o menoscabo impone una conducta arrojada, una decisión intrépida y brusca. ¿Quién podría contemplar con indiferencia o desidia un intento de agresión contra *Las meninas, Los fusilamientos del Dos de Mayo* u otra tela maestra de nuestra pintura? ¿Quién permitiría que un ignorante, un bárbaro, un perturbado atacara contra el símbolo de un *Guernica* cuya recuperación nos ha costado tantos esfuerzos y lágrimas? Cualquier defecto o tardanza en el cumplimiento del deber, cualquier vacilación de los responsables de su integridad amenazada serían necesariamente juzgados, qué duda cabe, por el conjunto de la opinión pública. Hay bienes por los que los heroicos celadores del orden deben estar dispuestos a sacrificar sus vidas y, si es necesario, las de los demás. Esta determinación gallarda y digna de encomio tocante a nuestros tesoros más célebres merece abarcar igualmente a aquellos otros que, menos presentes en la conciencia artística del país, son objeto, no obstante, de vigilancia discreta: por ejemplo, el tapizado de los tresillos de la estación de Chamartín.

II

Abdellah Arrouch, nacido en Fez el 16 de diciembre de 1955, obrero y residente en su ciudad natal, se ha embarcado en Ceuta rumbo a Algeciras. Una mala coordinación en los horarios le obliga a aguardar un día entero en esta última el tren nocturno para Madrid. No ha tenido la elemental precaución de reservar un asiento, y deberá permanecer de pie durante el trayecto, contemplando desde la ventana del pasillo las sombras chinescas de los vagones en el invisible paisaje. Ha dejado atrás familia y tierra en busca de algún remoto Eldorado: como para millones de españoles años atrás, su fortuna se cifra en una maleta y el dinero indispensable para el viaje. Por consiguiente: fumar, adormecerse, dar cabezadas, apearse por fin en el andén de la estación de una ciudad extraña, cuyo idioma se desconoce y en donde no se tiene ningún amigo. Trasladarse de Atocha a Chamartín, consultar las salidas de trenes para Barcelona, adquirir un billete, errar insomne por el vestíbulo y descubrir con alivio el sofá de un tresillo en el que poder descansar. Soledad, incertidumbre, melancolía, cansancio, sueño, mucho sueño. ¡Abdellah Arrouch ignora o finge ignorar que al acostarse en el sofá con los zapatos puestos, su descomedido movimiento pone en peligro un anónimo pero valioso ejemplar de mueble de la época incluido por los conservadores de Bellas Artes en nuestro rico, intangible patrimonio nacional!

III

Todos los técnicos y conocedores del mueble de época concuerdan: los tresillos de la estación de Chamartín son un joyel de esa espléndida tradición artesanal hispana cuyos orígenes se remontan a la Edad Media. Cuidadosamente dispuestos a lo largo del vestíbulo de aquélla a fin de suscitar la admiración de los forasteros, son causa de orgullo legítimo para los hijos de nuestra ciudad. El exquisito diseño de sus formas, elegancia de líneas, delicadeza y finura del tapizado muestran la pervivencia entre sus artífices de una serie de valores perdidos en otras partes y que todos nos envidian. ¡Estos detalles de clase pueden pasar inadvertidos a la pupila turbia, ofuscada, de un emigrante del Tercer Mundo, pero no al ojo avizor, a la mirada experta de quienes noble, animosamente velan por nuestra riqueza y seguridad!

IV

Pero recurramos al testimonio escrito de lo sucedido, firmado horas después en la comisaría, y demos la palabra a nuestros abnegados agentes: «Sobre las 16 horas y 40 minutos del día de la fecha se hallaban prestando servicio de vigilancia en el vestíbulo de taquilla de esta estación, observando que un viajero se hallaba acostado sobre un tresillo, con los zapatos puestos, por lo que procedieron, con toda corrección, a invitarle a que se sentara correctamente, quitando los pies del tapizado, al que, lógicamente, mancharía. Que ante este requerimiento, dando muestras de obedecer de mala gana, se sentó correctamente, continuando dichos policías nacionales con la vigilancia del indicado vestíbulo. Que al volver, nuevamente volvieron a encontrarse al mismo viajero en la misma posición en que se hallaba cuando fue requerido para que se sentara correctamente, por cuyo motivo volvieron a requerirle en las mismas circunstancias anteriores, si bien su reacción no fue la misma, ya que se levantó en actitud agresiva y con palabras pronunciadas en un idioma desconocido para los comparecientes y que por su actitud claramente hacía comprender su enojo y pretensiones de proceder a la agresión, lo que posteriormente fue confirmado y evitado gracias a un movimiento de esquiva realizado por el policía nacional X.X. Que ante esta actitud, tan incomprensible como inesperada, la pareja de Policía Nacional que relata los presentes hechos procedieron a su detención y traslado a esta comisaría al objeto de su identificación y aclaración de las causas que pudieran haberle hecho conducirse de forma tan extraña.»

V

La acumulación de coyunturas *extrañas, incomprensibles* e *inesperadas* conduciría inevitablemente al drama: ¡abrumado tal vez con tanta *corrección*, el viajero se escabulle entre la muchedumbre! Localizado minutos después en la zona de paquetes exprés, emprenderá de nuevo una veloz carrera —«sin duda, con la intención de darse a la fuga»— en dirección a la puerta de salida. Aunque los comparecientes ante el comisario y juez instructor manifestaran haber gritado «Alto, alto a la policía» y disparado al aire con sus armas reglamentarias, el rudo menospreciador del tapizado de los tresillos hará caso omiso de sus advertencias y proseguirá su sospechosa huida. Cuando caiga bruscamente a tierra, en posición decúbito supino y empapado en sangre, será trasladado a la clínica sanitaria de La Paz, en donde, pese a los intensos cuidados que se le prodigan, fallecerá al cabo de unos instantes.

Teniendo en cuenta las circunstancias que concurren al caso, conducta anómala del fugitivo y correcto proceder de los guardias injustamente acusados, el tribunal decidirá desestimar dos años después la querella de los deudos del interfecto y dictaminar que aquéllos no se excedieron en el cumplimiento del deber al proteger el orden y la paz de sus conciudadanos.

VI

Sobre el cadáver del emigrante frustrado en su sueño de alcanzar Eldorado fueron hallados los siguientes efectos: permiso de conducir de Marruecos; tarjeta de identidad de dicho país; pasaporte expedido en Fez dos meses antes; 1.800 pesetas en billetes del Banco de España; 10 dirhams en moneda marroquí; un billete de la Renfe, trayecto Madrid-Barcelona, de segunda clase, otros papeles personales sin aparente valor.

VII

Los delicados tresillos de la estación Chamartín acogen desde entonces las posaderas respetuosas de nuestros pulcros visitantes norteamericanos y europeos: ningún moreno y obtuso obrero del Tercer Mundo ha vuelto a acostarse inconsideradamente en ellos con los zapatos puestos ni ha perturbado con su lamentable incivismo el buen funcionamiento, armonía y sosiego de uno de los lugares más bellos y concurridos de nuestra hospitalaria ciudad.

(1984)

Resistir

En el naufragio general de valores en el que nos vemos sumidos desde hace años, amenazados a la vez por un futuro manifiestamente sombrío y un pasado que resucita de modo imprevisto, la elección de los términos y conceptos aplicables a los hechos y situaciones a los que nos enfrentamos reviste un carácter urgente, esencial.

Viajamos de modo simultáneo hacia adelante y hacia atrás. Adelante, como un tobogán sin freno ni destino preciso, sino esa promesa mirífica de la globalización, del Gran Mercado Único panacea de todos los males. Atrás, desde la sorpresa inicial de ver reconstituirse las viejas fronteras europeas de 1913 y 1919, a la verificación inquietante de que nuestra década se asemeja cada vez más a la de los treinta, con todo su irracionalismo y extravíos alimentados por la Gran Depresión: desconcierto y desamparo subsiguientes a la caída de la ideología alternativa de los regímenes supuestamente fundados en el marxismo —refugio de unos y coartada para los demás—, desmantelamiento gradual del poder del Estado y de las instituciones sociosindicales por la ofensiva victoriosa del mercado, imparable revolución tecnológica, especulación financiera incontrolada e incontrolable. Ante el cúmulo de desgracias y horrores que llueven a diario sobre nosotros —sólo una pequeña minoría dispone de un paraguas protector—, la desmovilización de la sociedad civil en los países democráticos, ¿no obedece quizá a la incapacidad de expresar con mayor rigor las nuevas realidades que la abruman y el recurso perezoso a etiquetas definitorias de un pasado históricamente concreto —con las cuales existen desde luego ciertas similitudes— para describir fenómenos político-sociales propios de este fin de milenio?

La ideología nacional extrema y exclusivista de los Milosevic, Karadzic, Zhirinovski y congéneres, patrocinadora de limpiezas étnicas y valores retrógrados, ¿puede ser definida como fascista? Un estudio de las raíces del nacionalismo mitológico serbio nos mostraría más bien su parentesco con el que prevaleció en la España de los *cristianos viejos,* con su deseo de vengar multicentenarias *afrentas* y programado odio interétnico. El nacional-populismo hoy emergente de las ruinas del «socialismo real», ¿responde a las coordenadas del comunismo de las pasadas décadas o es una mezcla explosiva de desposesión social, patriotismo frustrado y sensación generalizada de traición y abandono? Si del Este pasamos a la Europa comunitaria, al espacio ocupado antaño por una izquierda en desbandada, ¿qué valor podemos conceder a palabras como «socialismo democrático» cuando sus propios dirigentes parecen empeñados en vaciarlas de todo contenido, sometiéndose sin sonrojo alguno a la infalible racionalidad económica del sistema ultraliberal dueño, como antes el marxismo-leninismo en la URSS, de nuestras vidas y haciendas? Huérfanos de palabras, nos hallamos en la incapacidad de formular alternativas creíbles, objeto de nuevo de la formidable presión ideológica de un dogma único y acuciados no obstante por la urgencia de actuar de algún modo contra los desastres provocados por las mitologías ultranacionalistas balcánicas, extremismos étnico-religiosos, asalto gradual a las conquistas sociales de los últimos sesenta años, desempleo masivo, xenofobia, hambre, iniquidad, *dumping* social, devastación ecológica, pillaje de las últimas riquezas naturales del mundo subdesarrollado, destino de desecho no reciclable de centenares de millones de mujeres y hombres excluidos a la vez de la producción y el consumo por la mundialización del mercado y la baja constante del precio de los productos básicos procedentes del Sur.

Incapaces de actuar y movilizarnos, de forjar nuevos instrumentos de análisis y embriones de organización defensiva, nos refugiamos en la ética, en fragmentados y precarios movimientos de solidaridad con las víctimas, sin saber bien cómo escoger entre éstas en un planeta sacudido por una violencia inaudita, ¿bosnios, somalís, kurdos, angoleños, indígenas de Iberoamérica o bien los gitanos y emigrados de origen islámico de la *casa común* europea, los obreros arrojados sin contemplaciones a la calle, el ejército inerme de los sin domicilio fijo?

En 1936, los demócratas europeos acudieron a defender con las armas a la España republicana porque los conceptos de democracia, comunismo, fascismo mantenían su vigencia y significado preciso: eran el sustituto laico del credo imantador de las religiones marchitas. En 1994, la solidaridad con los bosnios defensores de un Estado de ciudadanos multinacional, multirreligioso y multicultural exterminados o asediados por quienes pretenden reemplazar los valores de la cultura e historia con nociones primitivas y tribales como tierra, linaje y sangre, se manifiesta tan sólo en el campo de la ayuda humanitaria. La compasión ha relevado el compromiso con unos principios en los que —el ejemplo viene de arriba— Occidente ha dejado de creer y utiliza únicamente, conforme a su conveniencia, como figuras retóricas. En un universo entregado al credo intangible del enriquecimiento, competitividad y satisfacción individual, incluso elementos como sueño, imaginación, sentimientos, ¿no corren el riesgo de convertirse en cortapisas a la eficacia del sistema y factores de disidencia moral, condenando a quienes se agarran a ellos a la marginación de la sociedad?

El paralelo con la coacción ideológica de unas presuntas leyes ineluctables sobre las cobayas del «socialismo real» resulta en verdad demasiado llamativo como para que podamos pasarlo por alto. Los métodos empleados para conseguir la adhesión de pueblos como el ruso, chino, vietnamita o cubano —excluyo adrede aquéllos en donde el comunismo llegó impuesto desde fuera— no se basaban tan sólo, al menos en sus comienzos, en el terror y la brutalidad. Decenas de millones de personas aceptaron de buen grado la noción de dictadura del proletariado encarnada en un jefe único y absoluto, soportaron toda clase de miserias y privaciones en aras de la felicidad de las generaciones futuras, asumieron su condición de meros instrumentos de un objetivo final que trascendía sus vidas con lo que Octavio Paz llamó con acierto *fatalismo risueño*. El universo real en el que vivían estaba a años luz del paraíso anunciado, de ese porvenir radiante en el que todas las contradicciones se abolirían, el Estado resultaría innecesario y el ser humano dispondría libremente de su fuerza de trabajo, podría desenvolver a sus anchas su propia creatividad. No obstante, creyeron en él con la fe del carbonero. Como ahora sabemos, estas generaciones se sacrificaron por nada. Su sueño —convertido en pesadilla— se esfumó de súbito, dejándolas hundidas en la pobreza y desesperación.

Hoy, los herederos del ultraliberalismo, mundialización y Mercado Global auguran asimismo el fin de nuestras desdichas mediante la aplicación rigurosa de su terapéutica: multiplicación infinita de los bienes de consumo, modernización y mayor fluidez de los circuitos de distribución de riqueza gracias a las posibilidades creadoras del poder financiero, tecnológico e industrial de las élites transnacionales desembarazadas de las trabas del proteccionismo, del costo insoportable de los programas de ayuda social, de las leyes retrógradas tocantes a la seguridad del empleo. La contradicción flagrante entre las ofertas electorales de los gobiernos de Estados Unidos y la Europa comunitaria —¡prioridad a la lucha contra el paro!— y su política abiertamente librecambista y sujeta a las normas estrictas del Fondo Monetario Interna-

cional se manifiesta en la demolición paulatina, bastión tras bastión, del estatuto social de
los trabajadores. Para crear nuevo empleo,
nos dicen, hay que liberalizar la actual regu-
lación del mismo, favorecer la competitividad de la industria nacional mediante el libre
despido de la clase obrera nacional, resig-
narse a la deslocalización y autorizar el flujo
irrestricto de capitales. Los años venideros se
anuncian duros: la mayoría de la población
deberá reducir provisionalmente su nivel de
vida, apretarse el cinturón, avenirse a la pérdida del empleo, pero la dinámica así engendrada acabará con la recesión económica, pro-
curará el bienestar general tres, cinco o diez
años más tarde (dichas consideraciones no to-
man en cuenta ni la limitación de los recursos
del planeta ni el imparable crecimiento de-
mográfico ni la destrucción del ecosistema).
De nuevo, nos encontramos ante la necesidad
de ofrendar el modesto *status* social de hoy en
nombre del glorioso supermercado único de
mañana. Si los creyentes en el dogma marxista-leninista erraron en inmolar sus vidas a un
paraíso que nunca advino, los ciudadanos de
las sociedades democráticas (por no hablar
ahora de los pueblos y naciones privados de
toda capacidad de intervención respecto al
destino de sus propias vidas) errarían grave-
mente también de comulgar con ruedas de

molino la doctrina que, a través del casi monopolio informativo, la élite transnacional de los dueños del mercado nos presenta como una evidencia racional e infalible. La argumentación inteligente, honesta y apasionada de mi admirado Vargas Llosa no alcanza a alterar mi convicción de que la informatización de la producción y la implacable lógica del mercado se ceba en los trabajadores de nuestras sociedades y tiende a equipararlos por lo bajo con los de los países más explotados del mundo, de que el dogma de la soberanía de las leyes del librecambio ahonda día tras día las diferencias entre la tríada compuesta por Estados Unidos, la Comunidad europea y el Japón (y sus aledaños) y los países pobres y, dentro de aquélla, entre los integrados en el nuevo circuito de distribución de bienes y capitales (en el que la especulación reemplaza a menudo a la producción) y una mayoría en situación precaria, amenazada de paro y socialmente desprotegida, presta a escuchar como en los años treinta los cantos de sirena del nacionalismo extremo, populismo demagógico, xenofobia y racismo. Creer en esa anunciada mejora de la coyuntura económica, sin cesar diferida, es tomar los deseos por realidades: según el último informe de la OCDE, cinco o seis millones de parados incrementarán aún la cifra de los excluidos por

la recesión y libre despido en la Europa comunitaria en 1995.

Vivimos una realidad explosiva que
nos depara de continuo burlonas o amargas
sorpresas. ¡Tras el desplome de los regímenes
supuestamente fundados en el marxismo, el
paisaje que nace de sus ruinas se parece de
modo pasmoso al denunciado elocuentemen-
te por Marx!: pillaje y especulación de una
minoría de burócratas oportunamente recon-
vertidos a las virtudes del librecambio, hundimiento en la pobreza de la mayoría de la
población. Aunque con menos intensidad y
diferentes características, el fenómeno se repite en Inglaterra, cuna de las libertades sindicales y modelo del Estado-Providencia:
mientras el número de millonarios en libras ha
duplicado en la última década, proliferación
del paro, despido libre, declive sindical, pau-
perización, retorno a la explotación del trabajo infantil denunciado cifras en mano en *The
Observer*. En corto: el regreso al mundo de las
novelas de Dickens y a la *Descripción de la clase
obrera de Manchester* de Friedrich Engels. Quienes se aferran desesperadamente a los últimos
representantes esperpénticos del modelo muerto
—los Fidel Castro, Kim Il Sung— con el propósito de resistir a la arrogancia sin límites de
los vencedores y salvar así del naufragio el resto
de los muebles, no hacen sino prolongar la

parálisis intelectual y aplazar la emergencia de un *contrato social* democrático nuevo. La supervivencia de aquéllos actúa, al revés, de espantajo e impide a quienes conocen la impostura de sus sistemas —el abismo sin fondo existente entre la verdad y su discurso— iniciar su tarea sobre bases nuevas: la contraofensiva a la guerra sin cuartel del mercado, al poder regulador del Estado liberal democrático y a cuanto queda de la facultad de los pueblos de decidir su propio destino.

La guerra en la ex Yugoslavia y la mezcla de incoherencia y cinismo de nuestros políticos respecto a la agresión y barbarie desatados en Bosnia, revela con crudeza la crisis de valores que asuela a Europa: convertida en un mero espacio económico, sin unidad política, proyecto social integrador ni rigor jurídico, ha dejado perpetrar un crimen cuyas consecuencias, ya irremediables, se extienden a la totalidad de su suelo y ganan la otra orilla del Mediterráneo: inminencia de nuevos frentes y *limpiezas étnicas* en Sandyak y Kosovo; amenazas a la integridad de la frágil república de Macedonia; paranoia nacionalista antiturca y antialbanesa en una Grecia en donde, con menosprecio de todas las leyes comunitarias, los ciudadanos judíos deben inscribir el origen étnico en sus documentos; antisemitismo virulento, opresión de la minoría húngara y persecución vio-

lenta de los gitanos en una Rumania no liberada aún de los efectos de la pesadilla de Ceausescu; toque de queda impuesto a los zíngaros
en distintos lugares de Eslovaquia; guerras feroces entre georgianos y abjazos, azeris y arme-
nios, deportación masiva por las autoridades
demócratas de Moscú, de los comerciantes y mi-
noristas de origen caucásico. Si pasamos del
Este al ámbito comunitario advertimos también que el ultranacionalismo y caza al extranjero ganan a diario nuevos adeptos. Los asesinatos, agresiones e incendios de viviendas de
árabes, turcos, paquistaníes, gitanos, se propa-
gan desde el Oder a Algeciras. Países que hasta
hace poco resistían al contagio racista, como
Italia o Suecia, ceden bruscamente a él. Un ter-
cio de la población alemana afirma que «comprende» las «acciones punitivas» de los grupos
extremistas contra los extranjeros. El 65% de
los italianos admite su hostilidad a los mismos.
En una reciente encuesta, el 37% de los jóvenes españoles se muestran partidarios de la
expulsión de los gitanos, 26% de la de los *moros*
y 13% de la de los judíos. Las consecuencias
perversas de la *purificación étnica* llevada a cabo
contra los musulmanes balcánicos y la multiplicación de atentados racistas en Europa Occidental repercuten, como reacción previsible,
en el mundo islámico: los extremistas egipcios
exhiben los vídeos de las matanzas en Bosnia

en los barrios populares cairotas para azuzar los sentimientos anticoptos y destruir la convivencia secular de las dos comunidades nilóticas; la ejecución con arma blanca de doce croatas en Argelia es la respuesta de los islamistas radicales al genocidio de doscientos mil correligionarios en la ex Yugoslavia. Los que se indignan con razón del crimen, ¿establecen una relación de efecto y causa entre su pasividad ante el salvajismo de los *chetniks* y activistas neonazis y los recientes asesinatos de europeos, obra de incontrolados o extremistas del GIA? Parafraseando a Churchill y sus críticas a la inercia de Chamberlain ante los desmanes de Hitler, podemos decir también que «nos hemos deshonrado y tenemos la guerra».

El apocamiento y silencio de numerosos intelectuales ante esa sucesión de catástrofes y su incapacidad de analizarlas sin recurrir a clisés ni esquemas simplistas o falsos (fantasmal amenaza islámica, odios ancestrales, peligro de ver disolverse la identidad europea en un crisol de etnias) revela la pérdida de su horizonte universalista y su sustrato cultural y moral. Mientras la obra de algunos novelistas, poetas e historiadores radicales serbios (Dobrica Cosic, Yavan Roskovic, Vuc Draskovic, etcétera) y rusos (Rasputín, Limonov) —inspiradores de esta recaída en los mitos y atavismos que alimentan el inconsciente nacional antiturco y antitártaro— es recibida con aplauso en el ámbito intelectual de nuestra extrema derecha nacionalintegrista, ¿cómo invocar el discurso humanista y democrático en una Europa moldeada y esculpida por los tecnócratas y banqueros?

El mensaje del consumismo a ultranza —valor supremo y universal de nuestras élites—, difundido por medio de la televisión a centenares de millones de hogares, ¿adormece cualquier posibilidad de respuesta articulada, intelectual y política? Frente a su fetichismo de la mercancía, indiferente a la multiplicación de incendios, horrores y dramas, ¿únicamente cabe oponer lo que George Steiner denomina «el núcleo irreductible de la santidad de la particularidad»? Aunque creo firmemente en la degradación y envilecimiento de un mundo sin contemplativos ni poetas, juzgo que el refugio en la ética individual y la compasión, en el afán de justicia interior que nos ilustra y consume, no permite por sí solo la elaboración de una estrategia de resistencia a la inhumanidad que nos acecha. La primacía de los derechos fundamentales del hombre, por encima de los derechos legítimos de los pueblos y las minorías, me parece un punto esencial en la medida en que preserva lo individual de lo colectivo sin negar este último ni sus expresiones intermedias (nación, cultura, religión, lengua, costumbres, etcétera). A partir de ella, habrá que restablecer desde la base, piedra a piedra, el edificio de la convivencia en la diversidad y diferencia con el respeto a la historia y la memoria de todos y cada uno.

Hemos evacuado la realidad de la muerte y la noción de trascendencia de nuestro horizonte y lenguaje cotidianos, despojado a la humanidad entera de su simbología y metafísica de la naturaleza en pos de un progreso y una utopía puramente humanos que han desembocado en la colonia penitenciaria anticipada por Kafka y un orden mundial inaceptable que excluye de sus beneficios materiales —las obras del espíritu son una mercancía más— a clases enteras, países enteros, continentes enteros sin ofrecerles nada a cambio de su devastación exterior e interior. El pesimismo de Hobbes ha vencido al optimismo de los filósofos de las Luces, la historia ha dado la razón a Berdiaeff en sus premoniciones de la falacia del progreso continuo: hemos vuelto al universo *natural* de la injusticia, egoísmo, crueldad y triunfo de la fuerza, al *homo homini lupus*. ¿Qué pueden el sufrimiento de los más y la compasión de unos pocos ante el imperio omnímodo del Gran Mercado del Mundo y el fundamentalismo de la tecnociencia?

Ningún fundamentalismo religioso —sea islámico, hindú, judío o cristiano— me parece hoy más avasallador y destructivo que el de la alianza *non sancta* de la *libre experimentación científica,* el complejo técnico-industrial y el poder financiero, fundamentalismo capaz de experimentar fríamente sus armas letales en cobayas humanas, no sólo durante la carnicería del Golfo sino, como descubrimos con estupor, ¡en el propio pueblo —entre sus ciudadanos más pobres e indefensos, eso sí— de Estados Unidos!

Rescatemos las palabras primordiales y los conceptos que expresan. Sólo la poesía, el grito de la poesía, alcanza a traducir la desolación del hombre en estas horas sombrías de barbarie, cobardía, impotencia:

Cuando en días venideros, libre el hombre
del mundo primitivo a que hemos vuelto
de tiniebla y horror, lleve el destino
tu mano hacia el volumen donde yazcan
olvidados mis versos, y lo abras,
yo sé que sentirás mi voz llegarte,
no de la letra vieja, mas del fondo
vivo en tu entraña con un afán sin nombre
que tú dominarás.

LUIS CERNUDA

(1994)

Este libro
se terminó de imprimir
en los Talleres Gráficos
de Rogar, S. A.
Fuenlabrada, (Madrid)
en el mes de mayo de 1995